Das Abenteuer des Miguel Littín

Gabriel García Márquez

Das Abenteuer des Miguel Littín

Illegal in Chile

Aus dem Spanischen
von Ulli Langenbrinck

Kiepenheuer & Witsch

Titel der Originalausgabe
La aventura de Miguel Littín clandestino en Chile
© Gabriel García Márquez 1986
Aus dem Spanischen von Ulli Langenbrinck
© 1987 by Verlag Kiepenheuer & Witsch, Köln
Umschlag und Einband Hannes Jähn, Köln
Satz Compusatz GmbH, München
Druck und Bindearbeiten May & Co., Darmstadt
ISBN 3 462 018671

Inhalt

Einleitung

Anfang des Jahres 1985 hielt sich der chilenische Filmregisseur Miguel Littín – sein Name steht auf einer Liste von
fünftausend Exilchilenen, denen es streng verboten ist, in ihr
Land zurückzukehren – sechs Wochen illegal in Chile auf und
drehte mehr als zweiunddreißigtausend Meter Film über das
Leben in seinem Land nach zwölf Jahren Militärdiktatur. Mit
verändertem Aussehen, anderer Art sich zu kleiden und zu
sprechen, mit falschen Papieren und der Hilfe und dem
Schutz der im Untergrund arbeitenden demokratischen Organisationen leitete Littín von einem Ende des Landes zum
anderen – sogar im Moneda-Palast – drei europäische Filmteams, die zur gleichen Zeit wie er unter verschiedenen
legalen Vorwänden eingereist waren, sowie sechs Teams mit
jungen Leuten aus dem Widerstand im Lande. Das Ergebnis
war ein vierstündiger Fernsehfilm und eine zweistündige
Kinoversion.
Als Miguel Littín mir vor etwa sechs Monaten in Madrid
erzählte, was er gemacht hatte und wie er es gemacht hatte,
dachte ich, daß hinter seinem Film ein anderer, nicht gedreh-
ter Film verborgen war, der Gefahr lief, unveröffentlicht zu
bleiben. Und so erklärte er sich bereit, mir fast eine Woche
lang in einem erschöpfenden Interview, dessen Tonbandversion achtzehn Stunden dauerte, Rede und Antwort zu stehen.
Diese Tonbandversion gibt vollständig und mit allen beruflichen und politischen Implikationen das menschliche Abenteuer eines Mannes wieder, das ich in diesen zehn Kapiteln in
komprimierter Form schildere. Ich habe einige Namen verändert und viele Umstände verfremdet, um die weiterhin in
Chile lebenden Protagonisten zu schützen. Ich habe es vorge-

zogen, den Bericht in der Ichform zu lassen, so wie ihn Littín mir erzählt hat; dabei habe ich mich bemüht, seinen sehr persönlichen – und mitunter familiären Tonfall – ohne leichtfertige Dramatik oder historische Ansprüche zu erhalten.

Der Stil des Buches ist selbstverständlich mein eigener, denn die Stimme eines Schriftstellers ist nicht austauschbar, und erst recht nicht, wenn er fast sechshundert auf weniger als zweihundert Seiten komprimieren muß. Trotzdem habe ich versucht, in vielen Fällen die chilenischen Redewendungen der ursprünglichen Erzählung beizubehalten und insgesamt die Ansichten des Erzählers zu respektieren, auch wenn sie nicht immer mit den meinen übereinstimmen. Was Recherchemethoden und Beschaffenheit des Materials angeht, so ist *Das Abenteuer des Miguel Littín* eine Reportage. Aber es ist noch mehr: die Rekonstruktion der Gefühle während eines Abenteuers, dessen Absicht letztendlich zweifellos sehr viel tiefer und bewegender war als das ursprüngliche, auch verwirklichte Vorhaben, einen Film zu drehen und den durch die Militärmacht bedingten Risiken zu trotzen. Littín selbst hat es so formuliert: »Das war nicht die heroischste Tat in meinem Leben, aber die würdigste.« So ist es, und ich meine, darin liegt ihre Größe.

G. G. M.

1
Illegal in Chile

Der Flug 115 der Ladeco aus Asunción (Paraguay) setzte mit mehr als einer Stunde Verspätung zum Landeflug auf den Flughafen von Santiago de Chile an. Auf der linken Seite, in siebentausend Meter Höhe, schimmerte der Aconcagua im Mondlicht wie ein Vorgebirge aus Stahl. Das Flugzeug senkte mit beängstigender Grazie den linken Flügel, richtete sich mit schwermütigem metallenen Knirschen wieder auf und berührte schließlich ein bißchen zu hastig mit drei Känguruhsprüngen festen Boden. Ich, Miguel Littín, Sohn von Hernán und Cristina, Filmregisseur und einer von fünftausend Chilenen, denen es streng verboten ist, nach Chile zurückzukehren, war nach zwölf Jahren Exil wieder in meinem Land, auch wenn ich mich noch im inneren Exil befand: Ich hatte eine falsche Identität, einen falschen Paß und sogar eine falsche Ehefrau. Andere Kleidung und die Schminkkunst hatten mein Gesicht und mein gesamtes Äußeres so verändert, daß mich nicht einmal meine Mutter einige Tage später bei voller Beleuchtung wiedererkennen sollte.

Auf der ganzen Welt gab es nur wenige Personen, die in dieses Geheimnis eingeweiht waren, und eine von ihnen saß im selben Flugzeug. Elena, eine Kämpferin aus dem chilenischen Widerstand, eine junge und sehr attraktive Frau, war von ihrer Organisation damit beauftragt worden, Verbindung mit dem Netz der in Chile operierenden Untergrundorganisationen zu halten, die geheimen Kontakte herzustellen, die für die Treffen geeigneten Orte auszumachen, den Handlungsspielraum einzuschätzen, die Verabredungen zu koordinieren und unsere Sicherheit im Auge zu haben. Für den Fall, daß ich von der Polizei entdeckt werden oder verschwinden

11

sollte oder länger als vierundzwanzig Stunden die vorher vereinbarten Verabredungen nicht einhalten würde, hatte sie den Auftrag, meine Anwesenheit in Chile bekanntzumachen, damit auf internationaler Ebene Alarm geschlagen werden konnte. Obwohl unsere Papiere uns nicht als liiert auswiesen, waren wir ab Madrid gemeinsam durch die halbe Welt und über sieben Flughäfen gereist, als wären wir ein gut einge-spieltes Ehepaar. Doch für diese letzte eineinhalbstündige Etappe unserer Reise hatten wir beschlossen, uns nicht zu-sammen zu setzen und getrennt durch die Abfertigung zu gehen, als würden wir uns nicht kennen. Elena sollte nach mir die Paßkontrolle passieren, um für den Fall, daß ich irgend-welche Schwierigkeiten haben würde, ihre Leute benachrich-tigen zu können. Wenn alles gutging, würden wir den Flug-hafen wieder als routiniertes Ehepaar verlassen.

Auf dem Papier war unser Vorhaben sehr einfach, in der Ausführung aber bedeutete es ein großes Risiko: Es ging darum, heimlich einen Dokumentarfilm über die Wirklich-keit in Chile nach zwölf Jahren Militärdiktatur zu drehen. Diese Idee war ein Traum von mir, der mir seit geraumer Zeit durch den Kopf gegangen war, weil ich das Bild des Landes im Nebel meiner Sehnsucht verloren hatte, und für einen Filmemacher gibt es keinen geeigneteren Weg, die verlorene Heimat wiederzufinden, als dort wieder zu filmen. Als die chilenische Regierung begann, Listen mit Namen von Exil-chilenen zu veröffentlichen, die zurückkehren durften, und ich auf keiner meinen Namen fand, wurde dieser Traum immer drängender. Zutiefst verzweifelt war ich, als eine Liste mit den fünftausend Chilenen veröffentlicht wurde, die nicht zurückkehren durften, und ich einer von ihnen war. Als der Plan dann endlich konkrete Gestalt annahm, fast zufällig und zu einem Zeitpunkt, als ich am wenigsten damit rechnete, hatte ich bereits seit mehr als zwei Jahren die Hoffnung aufgegeben, ihn je verwirklichen zu können.

12

Es war im Herbst des Jahres 1984 in der baskischen Stadt San Sebastián. Mit Ely und unseren drei Kindern hatte ich mich dort sechs Monate vorher niedergelassen, um einen Dokumentarfilm zu drehen, der, wie so viele andere in der ungeschriebenen Geschichte des Films, eine Woche vor Drehbeginn von den Produzenten zurückgezogen wurde. Ich saß in einer Sackgasse. Aber während des Filmfestivals erwähnte ich bei einem Abendessen mit Freunden in einem beliebten Restaurant wieder meinen alten Traum. Er fand einiges Interesse und wurde am Tisch ausführlich besprochen, nicht nur wegen seiner offensichtlichen politischen Tragweite, sondern auch, um Pinochet in seiner Allmacht zum Narren zu halten. Aber niemandem wäre in den Sinn gekommen, daß es um mehr gehen könnte als um ein Phantasiegespinst des Exils. Doch als wir gegen Morgen durch die verschlafenen Straßen der Altstadt nach Hause gingen, hakte mich der italienische Produzent Luciano Balducci unter, der während des ganzen Abends kaum ein Wort gesagt hatte, und zog mich wie zufällig beiseite.

»Der Mann, den du brauchst«, sagte er, »wartet in Paris auf dich.«

Es stimmte. Der Mann, den ich brauchte, bekleidete eine hohe Funktion im Widerstand innerhalb Chiles, und sein Plan unterschied sich nur in wenigen formalen Einzelheiten von meinem. Ein einziges vierstündiges Gespräch mit ihm in der mondänen Atmosphäre von *La Coupole,* an dem sich auch Luciano Balducci enthusiastisch beteiligte, hatte ausgereicht, um der Träumerei, die ich in den versponnen schlaflosen Nächten des Exils bis in die kleinsten Einzelheiten ausgeheckt hatte, konkrete Formen zu geben.

Der erste Schritt bestand darin, drei Filmteams nach Chile zu schicken: ein italienisches, ein französisches und ein weiteres aus irgendeinem anderen europäischen Land, das allerdings holländische Beglaubigungsschreiben vorweisen mußte. Völlig legale Kamerateams, mit rechtmäßiger Genehmigung und unter dem üblichen Schutz ihrer jeweiligen Botschaften. Das italienische Team, möglichst unter der Leitung einer Journalistin, sollte offiziell einen Dokumentarfilm über die italienischen Einwanderer in Chile und insbesondere über das Werk von Joaquín Toesca drehen, dem Architekten des Moneda-Palasts. Das französische Team würde die Dreherlaubnis für einen ökologischen Dokumentarfilm über die Geographie Chiles beantragen. Das dritte Team sollte einen Bericht über die jüngsten Erdbeben machen. Keines der Teams sollte irgend etwas von der Existenz der anderen erfahren. Keines ihrer Mitglieder sollte wissen, was tatsächlich gemacht wurde, noch, wer sie aus dem Hintergrund lenkte, bis auf den jeweiligen Verantwortlichen jeder Gruppe, der ein in seinem Metier anerkannter Fachmann sein sollte, politisch gebildet und sich der Risiken bewußt, die er einging. Das war der leichteste Teil, und ich konnte ihn mit einer kurzen Reise ins Herkunftsland jedes Teams erledigen. Die drei Teams, akkreditiert und mit ordentlichen Verträgen versehen, befanden sich bereits in Chile und warteten am Abend meiner Ankunft auf weitere Instruktionen.

Das Drama, sich in jemand anderen zu verwandeln

Tatsächlich bestand für mich der schwierigste Prozeß darin, mich in jemand anderen zu verwandeln. Seine Persönlichkeit zu verändern, ist ein täglicher Kampf, in dessen Verlauf man häufig gegen den eigenen Entschluß rebelliert, sich zu verändern, denn man möchte der bleiben, der man ist. So war nicht der Prozeß des Lernens die Schwierigkeit, wie man hätte vermuten können, sondern mein unbewußter Widerstand gegen Veränderungen im Aussehen wie im Verhalten. Ich mußte mich damit abfinden, nicht mehr der Mensch zu sein, der ich immer gewesen war, und mich in eine völlig andere Person verwandeln, die selbst von ihren Freunden nicht mehr erkannt werden würde und in den Augen jener repressiven Polizei unverdächtig war, vor der ich hatte flüchten müssen. Zwei Psychologen und eine Maskenbildnerin hatten unter der Leitung eines Experten für spezielle Geheimaktionen aus dem Widerstand in Chile in weniger als drei Wochen das Wunder vollbracht, indem sie unermüdlich gegen meine instinktive Entschlossenheit angekämpft hatten, der zu bleiben, der ich war.

Das erste Problem war der Bart. Es ging nicht einfach darum, mich zu rasieren, vielmehr mußte ich mich von der Persönlichkeit lösen, die der Bart mir verliehen hatte. Ich hatte ihn mir in sehr jungen Jahren wachsen lassen, als ich meinen ersten Film drehte, und seitdem hatte ich ihn zwar mehrfach abrasiert, aber nie hatte ich ohne Bart gefilmt. Es war, als sei der Bart untrennbar mit meiner Identität als Filmregisseur verknüpft. Auch meine Onkel hatten Bärte getragen, was meine Neigung für Bärte zweifellos verstärkte. Vor einigen Jahren hatte ich mir in Mexiko den Bart mal abrasiert, aber es war mir nie gelungen, meine Freunde, meine Familie oder mich selbst an mein neues Gesicht zu gewöhnen. Jeder hatte den Eindruck, einen Fremden vor sich zu haben, aber ich hatte mir in den Kopf gesetzt, den Bart nicht wieder wachsen zu lassen, weil ich glaubte, ohne sähe ich jünger aus. Meine jüngste Tochter Catalina nahm mir schließlich jeden Zweifel: »Ohne Bart siehst du zwar jünger aus«, sagte sie zu mir, »aber auch häßlicher.«

Mir den Bart abzurasieren, um nach Chile einzureisen, war also nicht nur ein Problem, dem man mit Schaum und Rasiermesser zu Leibe rücken mußte, sondern es setzte einen sehr viel tiefer gehenden Prozeß der Entpersonalisierung voraus. Schließlich kürzte man mir den Bart nach und nach, beobachtete die Veränderungen, die jede einzelne Phase mit

15

sich brachte, schätzte ab, wie sich die einzelnen Schnitte auf meine Gesamterscheinung und meinen Charakter auswirkten, bis wir bei der nackten Haut angelangt waren. Erst nach einigen Tagen hatte ich den Mut, einen Blick in den Spiegel zu werfen.

Dann waren die Haare an der Reihe. Meine griechische Mutter und mein palästinensischer Vater haben mir tiefschwarzes Haar vererbt, letzterer allerdings auch die bedrohliche Tendenz zu einer frühzeitigen Glatze. Zunächst wurde mein Haar hellbraun gefärbt. Dann probierte man verschiedene Frisuren aus und einigte sich schließlich darauf, nicht gegen die Natur zu arbeiten. Statt, wie man anfangs vorhatte, die Glatze zu tarnen, betonte man sie schließlich, indem man die Haare glatt nach hinten kämmte und mit der Pinzette das verheerende Werk des Haarausfalls vollendete, das die Jahre bereits begonnen hatten.

Es ist kaum zu glauben, aber schon kaum wahrnehmbare Pinselstriche können die Struktur eines Gesichts verändern. Auch wenn ich weniger wiege als damals, hat mein Gesicht die Form eines Vollmondes, doch allein dadurch, daß die Augenbrauen gezupft wurden, wirkte es länglicher. Merkwürdigerweise verlieh mir das einen sehr viel orientalischeren Gesichtsausdruck, als ich ihn von Geburt her habe, der jedoch eher meiner Herkunft entspricht. Die letzte Veränderung wurde durch das Tragen einer starken Brille erreicht, die mir in den ersten Tagen heftige Kopfschmerzen verursachte. Aber die Brille veränderte nicht nur die Form meiner Augen, sondern auch den Ausdruck des Blicks.

Die Verwandlung des Körpers war einfacher, aber sie forderte eine größere geistige Anstrengung von mir. Die Veränderung des Gesichts war im Wesentlichen eine Frage des Schminkens, aber die des Körpers verlangte ein besonderes psychologisches Training und einen hohen Grad an Konzentration. Denn hier mußte ich bis ins Innerste einen gesellschaftlichen Wechsel vollziehen. Statt meiner vielgeliebten Jeans und rustikalen Hemden mußte ich mich nun an europäische Markenanzüge aus englischem Tuch, maßgeschneiderte Hemden, Schuhe aus Sämischleder und handbemalte italienische Krawatten gewöhnen. Statt mit meinem schnellen Akzent eines Chilenen vom Lande mußte ich im Tonfall eines reichen Uruguayers sprechen, denn dies war die für meine neue Identität passendste Nationalität. Ich mußte lernen, nicht auf charakteristische Weise zu lachen, ich mußte lernen, langsam zu gehen und im Gespräch mit den Händen zu gestikulieren, um überzeugender zu wirken.

Kurz und gut, ich konnte nicht länger der arme und nonkonformistische chilenische Filmemacher sein, der ich immer gewesen war, um mich in jemanden verwandeln zu können, der ich um alles in der Welt nicht sein wollte: ein selbstzufriedener Bürger. Oder, wie wir Chilenen das nennen: ein *momio*, eine Mumie.

Zur gleichen Zeit, als ich mich in einen anderen verwandelte, lernte ich, mit Elena in einer Wohnung im 16. Pariser Arrondissement zu leben. Dort befolgte ich zum ersten Mal in meinem Leben gehorsam einen Plan, den jemand anderes als ich zuvor aufgestellt hatte, sowie eine armselige Diät, um von meinen siebenundachtzig Kilo zehn zu verlieren. Es war nicht meine Wohnung, und sie ähnelte der meinen nicht im geringsten, aber in meinem Gedächtnis mußte sie es sein, denn ich mußte Erinnerungen züchten, um in der Zukunft Widersprüche zu vermeiden. Es war eine der seltsamsten Erfahrungen im meinem Leben, denn ich merkte schnell, daß Elena auch im Privatleben sehr ernsthaft und sympathisch war, aber daß ich niemals mit ihr hätte leben können. Die Spezialisten hatten sie aufgrund ihrer beruflichen und persönlichen Eignung ausgesucht, und sie mußte mich zwingen, eine eiserne Disziplin einzuhalten, die keinerlei Raum für Improvisationen ließ. Da ich ein schöpferischer Mensch bin, wehrte ich mich mit jeder Faser dagegen. Erst viel später, als alles vorbei und gutgegangen war, wurde mir klar, daß ich ihr gegenüber nicht gerecht gewesen war, vielleicht deshalb, weil ich sie irgendwie mit der Welt meines anderen Ichs identifizierte, in der ich mich nicht wohlfühlte und gegen die ich mich wehrte, obwohl ich sehr gut wußte, daß es eine Frage von Tod oder Leben war. Wenn ich heute an diese eigenartige Erfahrung zurückdenke, frage ich mich, ob wir nicht doch ein perfektes Ehepaar abgegeben haben, denn wir hielten es kaum unter einem Dach miteinander aus.

Elena hatte keine Identitätsprobleme. Sie ist Chilenin, auch wenn sie seit mehr als fünfzehn Jahren nicht mehr für längere Zeit in Chile gelebt hat, aber da sie nie irgendwo politisches Asyl beantragt hat und von keiner Polizei der Welt gesucht wird, ist ihre Tarnung vollkommen. Sie hatte viele wichtige politische Missionen in verschiedenen Ländern durchgeführt, und die Idee, heimlich einen Film in ihrem Land zu drehen, faszinierte sie. Das schwierigste Problem lag bei mir, denn die Nationalität, die aus technischen Gründen für mich die geeignetste war, zwang mich, einen mir entgegengesetzten Charakter zu erlernen und eine Vergangenheit in einem Land zu erfinden, in dem ich nie gewesen war. Trotzdem hatte ich vor Ablauf der Frist gelernt, den Kopf zu heben, wenn mich jemand mit meinem falschen Namen ansprach, und ich war in der Lage, die merkwürdigsten Fragen über die Stadt Montevideo zu beantworten, über die Buslinien, die ich nehmen mußte, um nach Hause zu fahren und sogar über das Leben meiner ehemaligen Mitschüler, mit denen ich vor fünfundzwanzig Jahren das Gymnasium in der Avenida Italia Nummer 11 besucht hatte, zwei Häuserblöcke hinter einer Apotheke und ganz in der Nähe eines neuen Supermarkts. Das einzige, was ich unbedingt vermeiden mußte, war zu lachen, da mein Lachen so charakteristisch ist, daß es mich trotz meiner Maskierung verraten hätte. Es ging sogar so weit, daß mich der für meine Verwandlung Verantwortliche mit aller Dramatik, deren er fähig war, warnte: »Wenn du lachst, stirbst du.« Zum Glück würde eine unbewegliche Leichenbittermiene bei einem Hai aus der internationalen Geschäftswelt nicht sonderlich auffallen.

In diesen Tagen kamen unvorhergesehene Zweifel auf, ob der Zeitpunkt für unser Vorhaben geeignet sei, denn in Chile war erneut der Ausnahmezustand erklärt worden. Nachdem die von der Chicagoer Schule* inspirierten ökonomischen Abenteuer auf spektakuläre Weise gescheitert waren, war die Diktatur derart angeschlagen, daß sie in dieser Form auf die einmütige Haltung der Opposition reagierte, die sich zum ersten Mal zu einer gemeinsamen Front zusammengeschlossen hatte. Im Mai 1983 hatten die ersten Protestaktionen auf den Straßen begonnen, die sich im Laufe des Jahres unter der Beteiligung der kampferprobten Jugend und vor allem der Frauen wiederholten und blutige Repressionen zur Folge hatten.

Die legalen und illegalen Oppositionskräfte, denen sich erstmals auch fortschrittlichere bürgerliche Kreise angeschlossen hatten, riefen zu einem eintägigen Generalstreik auf. Diese Demonstration der Stärke und der sozialen Entschlossenheit reizte die Diktatur aufs äußerste und ließ sie umgehend den Ausnahmezustand verhängen. Verzweifelt stieß Pinochet einen Schrei aus, der in der ganzen Welt mit Opernakkorden nachhallte: »Wenn das so weitergeht, werden wir noch einen 11. September** machen müssen.«

Sicher, diese Bedingungen schienen günstig für einen Film wie den unseren zu sein, der die am wenigsten sichtbaren

---

* Die *Chicagoer Schule*, auch *Chicagoboys* genannt, propagandiert die Thesen des Nobelpreisträgers für Ökonomie, Milton Friedman. Die *Chicagoboys* haben US-Präsident Reagan und General Pinochet hinsichtlich ihrer Wirtschaftspolitik beraten. (Anm. d. Übers.)
** Am 11. September 1973 hatte ein Militärputsch unter der Führung von General Pinochet die verfassungsmäßige Regierung von Salvador Allende gestürzt.

Elemente der Realität des Landes zeigen wollte, aber gleichzeitig würde die Repression sehr viel brutaler, würden die Polizeikontrollen sehr viel strenger sein, und die uns zur Verfügung stehende Zeit würde sich durch die Ausgangssperre verkürzen. Doch nachdem die Widerstandsorganisation innerhalb Chiles alle Aspekte der Situation abgewogen hatten, entschied sie, wie vorgesehen weiterzumachen, was auch meinem Wunsch entsprach. Also hielten wir uns an den ursprünglichen Zeitplan und setzten die Segel.

Ein langer Eselsschwanz für Pinochet

Die erste Bewährungsprobe kam am Tag der Abreise im Flughafen von Madrid. Seit mehr als einem Monat hatte ich Ely und unsere Kinder Pochi, Miguelito und Catalina nicht mehr gesehen. Ich hatte nicht einmal direkten Kontakt zu ihnen gehabt, und die für meine Sicherheit Verantwortlichen waren der überwiegenden Meinung, ich solle ohne Ankündigung abreisen, um so den schmerzlichen Abschied zu vermeiden. Und mehr noch: Zu Anfang unseres Vorhabens hatte man es sogar für besser gehalten, um niemanden zu beunruhigen, wenn meine Familie nicht die Wahrheit erführe, aber es wurde uns schnell klar, daß das keinen Sinn hatte. Im Gegenteil, niemand konnte eine nützlichere Rolle in der Nachhut spielen als Ely. Zwischen Madrid, Paris und Rom hin- und herreisend – sie kam sogar bis nach Buenos Aires – war sie von allen am besten geeignet, den Eingang und die Entwicklung des Filmmaterials zu überwachen, das ich ihr nach und nach aus Chile schickte, ja sogar zusätzliche Mittel zu organisieren, wenn es nötig sein sollte. So geschah es.

Außerdem hatte meine Tochter Catalina seit Beginn der Vorbereitungen bemerkt, daß sich in meinem Schlafzimmer neue Kleidungsstücke ansammelten, die der Art, mich zu kleiden, und sogar meinem Wesen vollkommen entgegengesetzt waren. Catalinas Verwirrung und Neugier waren so groß, daß mir nichts anderes übrig blieb, als die Familie zu versammeln und sie über meine Pläne zu informieren. Sie nahmen es mit Vergnügen und einem Gefühl der Verschwörung auf, als würden sie sich plötzlich in einem dieser Filme wiederfinden, die wir uns zu Hause immer ausdachten, um uns zu amüsieren. Aber als sie mich im Flughafen in einen pfaffenhaften Uruguayer verwandelt sahen, der nur noch sehr wenig mit mir zu tun hatte, wurde sowohl ihnen als auch mir klar, daß dieser Film ein ebenso wichtiges wie gefährliches Drama aus dem wirklichen Leben war, in das wir alle verwickelt waren. Trotzdem war ihre Reaktion einmütig.

»Das Wichtigste ist,« sagten sie mir, »daß du Pinochet einen ganz langen Eselsschwanz anhängst.«

Sie dachten dabei an das in Chile beliebte Spiel, bei dem ein Kind mit verbundenen Augen einem Esel aus Karton an der richtigen Stelle einen Schwanz ankleben muß.

»In Ordnung«, antwortete ich und überschlug die Anzahl der Filmmeter, die ich in etwa würde drehen können, »der Schwanz wird ungefähr zweiunddreißig Kilometer lang sein.«

Eine Woche später landeten Elena und ich in Santiago de Chile. Die Reise hatte uns auch aus technischen Gründen in einer planlosen Pilgerfahrt über sieben europäische Städte geführt, damit ich mich an meine neue Identität gewöhnte, der ein unverdächtiger Paß Rückendeckung verschaffte. Dieser Paß war ein authentischer uruguayischer Paß, auf den Namen seines rechtmäßigen Besitzers ausgestellt und mit dessen Personenbeschreibung versehen; dieser hatte ihn uns als politischen Beitrag zur Verfügung gestellt, wohl wissend, daß wir den Paß manipulieren und dazu benutzen würden, in Chile einzureisen. Wir hatten nur sein Foto durch eines von mir ersetzt, das nach meiner Verwandlung aufgenommen worden war. Alle meine persönlichen Gegenstände wurden mit den Namen des Paßinhabers versehen: Auf meine Hemden wurde sein Monogramm gestickt, seine Initialien prangten auf meinem Diplomatenkoffer, meinem Briefpapier und meinen Visitenkarten. Nach vielstündigem Üben hatte ich schließlich gelernt, mühelos seine Unterschrift nachzumachen. Das einzige Problem, das wir aufgrund der Kürze der Zeit nicht hatten lösen können, waren die Kreditkarten, und das war ein gefährlicher Fehler, denn für einen Mann, wie ich ihn darstellen sollte, war es sehr ungewöhnlich, im Verlauf der Reise mehrere Flugtickets in bar mit Dollarnoten zu bezahlen.

Trotz der vielen Differenzen, die uns im wirklichen Leben schon nach zwei Tagen gezwungen hätten, uns zu trennen, hatten Elena und ich gelernt, uns wie ein Ehepaar zu verhalten, das auch die schlimmsten häuslichen Katastrophen bewältigte. Jeder kannte die falsche Biographie des anderen, seine falschen bourgeoisen Vorlieben, und ich glaube, selbst in einem scharfen Verhör wäre uns kein schwerwiegender Fehler unterlaufen. Unsere Geschichte war perfekt. Wir leiteten eine Werbefirma mit Sitz in Paris und wollten mit einem Filmteam einen Werbespot für ein neues Parfüm drehen, das in nächsten Herbst in Europa vorgestellt werden sollte. Chile hatten wir als Drehort ausgewählt, weil es eines der wenigen Länder ist, wo wir gleichzeitig Landschaften und Atmosphäre aller vier Jahreszeiten finden würden, von sonnenbeschienen Stränden bis hin zu ewigem Schnee. Elena bewegte sich mit beneidenswerter Ungezwungenheit in ihren teuren europäischen Kleidern, als sei sie nicht dieselbe Frau, die man mir in Paris vorgestellt hatte, mit den offenen Haaren, dem Schottenrock und schulmädchenhaften Mokassins. Auch ich, davon war ich überzeugt, bewegte mich unbefangen in meiner neuen Unternehmerkutte, bis ich mich im Flughafen von Madrid in einer Schaufensterscheibe sah, im dunklen Anzug, mit steifem Kragen und Schlips und der Miene eines Industriehais, und sich mir der Magen umdrehte. »Grauenhaft«, dachte ich. »Wenn ich nicht ich wäre, wäre ich so wie der da.« Zu diesem Zeitpunkt war mir als einziges von meiner alten Identität ein halb zerfleddertes Exemplar von *Los pasos perdidos**geblieben, dem großen Roman von Alejo Carpentier, das ich seit fünfzehn Jahren auf allen Reisen dabei habe, um meine unkontrollierbare Flugangst zu überwinden. In diesem Aufzug mußte ich mich jedenfalls verschiedenen Einreiseschaltern in mehreren europäischen Ländern stellen, um die Nervosität zu überwinden, die mir ein fremder Paß einflößte. Die erste Station war Genf, und alles lief völlig normal ab, aber ich werde es den Rest meines Lebens nicht mehr vergessen, denn der Beamte prüfte meinen Paß mit großer Sorgfalt Seite für Seite, und schließlich schaute er mir ins Gesicht, um es mit dem Paßfoto zu vergleichen. Ich sah ihm in die Augen und wagte nicht zu atmen, obwohl das Foto das einzige an diesem Paß war, was von mir stammte. Es war eine Pferdekur: Von da an fühlte ich nie mehr dieses Würgen im Hals und dieses Herzklopfen, bis sich auf dem Flughafen von Santiago de Chile inmitten einer Todesstille die Flugzeugtür öffnete und ich nach zwölf Jahren wieder die eisige Luft der Andenhänge atmete. An der Vorderseite des Gebäudes verkündeten riesige blaue Lettern: *In Ordnung und Frieden schreitet Chile voran.* Ich sah auf die Uhr: Bis zur Ausgangssperre war es noch eine Stunde.

---

* *Die verlorenen Spuren, Frankfurt/M. 1979.* (Anm. d. Übers.)

2
Erste Ernüchterung:
Der Glanz der Stadt

Als der Beamte an der Paßkontrolle meinen Ausweis aufschlug, war ich fest davon überzeugt, daß ihm die Fälschung auffiel, sobald er nur den Blick heben würde, um mir in die Augen zu sehen. Es waren drei Schalter, die alle mit Männern in Zivil besetzt waren, und ich hatte mich für den jüngsten von ihnen entschieden, weil er mir der schnellste zu sein schien. Elena reihte sich in eine andere Schlange ein, als würden wir uns nicht kennen, denn für den Fall, daß einer von uns Schwierigkeiten bekommen sollte, würde der andere den Flughafen verlassen und Alarm schlagen können. Das wurde nicht notwendig, denn offensichtlich hatten es die Beamten angesichts der näherrückenden Ausgangssperre ebenso eilig wie die Passagiere und warfen kaum einen Blick in die Papiere. Der für mich zuständige hielt sich nicht einmal damit auf, die Einreisevisa zu überprüfen, da er wußte, daß seine uruguayischen Nachbarn keines benötigten. Er drückte den Einreisestempel auf die erste freie Seite, die er fand, und als er mir den Paß zurückgab, blickte er mir so aufmerksam in die Augen, daß mir das Blut in den Adern gefror.

»Danke«, sagte ich mit fester Stimme.

Mit einem strahlendem Lächeln antwortete er mir:

»Willkommen.«

Das Gepäck kam mit einer Schnelligkeit, über die man sich in jedem anderen Flughafen der Welt gewundert hätte, aber auch die Zollangestellten wollten vor der Ausgangssperre zu Hause sein. Ich nahm meinen Koffer. Dann nahm ich den von Elena – denn wir hatten verabredet, daß ich mit dem Gepäck zuerst hinausgehen sollte, um Zeit zu gewinnen – und trug beide zur Zollkontrolle. Der Zollbeamte trieb die Passagiere wegen der Ausgangssperre zur Eile an, statt das Gepäck zu kontrollieren. Ich hatte die beiden Koffer kaum auf den Tisch gehievt, als er mich fragte:

»Reisen Sie allein?«

Ich bejahte. Er warf einen schnellen Blick auf die beiden Koffer und wies mich eilig an: »In Ordnung, gehen Sie.«

Aber eine Vorgesetzte, die ich bis dahin gar nicht bemerkt hatte – ein typischer weiblicher Zerberus, in doppelreihiger Uniform, blond und mit männlichen Zügen –, rief aus dem Hintergrund: »Kontrollier ihn!« Erst in diesem Augenblick wurde mir klar, daß ich nicht erklären konnte, warum ich einen Koffer mit Damenkleidern bei mir hatte. Außerdem war ich der Überzeugung, daß diese Zollbeamtin aus ganz anderen, sehr viel schwerwiegenderen Gründen als den Koffern unter sovielen eiligen Reisenden auf mich aufmerksam geworden war. Während der Mann meine Kleidung durchwühlte, verlangte sie meinen Paß und kontrollierte ihn aufmerksam. Mir fiel das Karamelbonbon ein, daß ich vor der Landung im Flugzeug bekommen hatte, und ich schob es in den Mund, weil ich wußte, daß man mir Fragen stellen würde, und ich ganz und gar nicht sicher war, ob ich meine tatsächliche chilenische Identität hinter meinem schlechten uruguayischen Akzent würde verbergen können. Die erste Frage stellte der Mann.

»Werden Sie mehrere Tage bleiben, Señor?«

»Solange wie nötig«, sagte ich.

Nicht mal ich selbst hätte mich mit diesem Klumpen Karamel im Mund verstanden, aber ihm war es egal, statt dessen forderte er mich auf, den anderen Koffer zu öffnen. Er war abgeschlossen. Ohne zu wissen, was ich tun sollte, suchte ich mit ängstlichen Blicken Elena, und ich sah sie gelassen in der Schlange vor der Paßkontrolle stehen, ohne etwas von dem Drama zu ahnen, das sich in ihrer Nähe abspielte. Zum ersten Mal wurde mir bewußt, wie sehr ich sie brauchte, nicht nur in diesem Moment, sondern bei diesem ganzen Abenteuer. Ohne an die Folgen meiner kopflosen Entscheidung zu denken, wollte ich gerade erklären, daß der Koffer Elena gehörte, als die Zollbeamtin mir den Paß zurückgab und anordnete, das nächste Gepäckstück zu kontrollieren. Ich drehte mich in Elenas Richtung und sah sie plötzlich nicht mehr.

Es war eine magische Situation, die wir uns nie haben erklären können: Elena war unsichtbar geworden. Später sagte sie mir, daß auch sie von ihrer Schlange aus bemerkt habe, wie ich ihren Koffer mitnahm, und daß ihr das unvernünftig erschienen sei, sie sich aber beruhigt habe, als sie mich aus dem Zoll habe herauskommen sehen. Ich ging durch die fast verlassene Vorhalle und folgte dem Gepäckträger zum Ausgang. Dort erlebte ich den ersten Schock der Rückkehr.

Von der Militarisierung, die ich erwartet hatte, war nicht das geringste zu merken, auch nicht die kleinste Spur von Armut zu sehen. Gewiß, wir befanden uns nicht mehr in dem riesigen und düsteren Flughafen Los Cerillos, von wo ich vor zwölf Jahren in einer regnerischen Oktobernacht mit dem Gefühl völliger Auflösung mein Exil angetreten hatte, sondern in dem modernen Flughafen Pudahuel, wo ich vor dem Militärputsch nur einmal und dann nur kurz gewesen war. Doch das war in jedem Fall keineswegs ein subjektiver Eindruck. Nirgendwo sah ich eine Spur der militärischen Unterdrückung, wie ich es vor allem während des Ausnahmezustandes erwartet hätte. Der ganze Flughafen war sauber und hell erleuchtet, überall waren freundliche, bunte Reklametafeln angebracht, die weitläufigen Boutiquen waren gut mit Importartikeln bestückt, und ich entdeckte nicht einmal einen normalen Wächter, der einem verirrten Reisenden aus christlicher Nächstenliebe eine Auskunft hätte erteilen können. Die am Straßenrand wartenden Taxen waren nicht wie früher altersschwach, sondern neueste Modelle aus Japan, alle gleich und sie parkten in Reih und Glied. Aber es war nicht der geeignete Moment, um vorzeitige Schlüsse zu ziehen, denn Elena war noch immer nicht aufgetaucht, und ich hatte schon die Koffer im Taxi verstaut, und die Uhrzeiger näherten sich mit atemberaubendem Tempo dem Beginn der Ausgangssperre. Weitere Zweifel überkamen mich nun. Grundsätzlich hatten wir verabredet, daß, wenn einer von uns nicht durchkam, der andere seinen Weg fortsetzen und die Telefonnummer anrufen sollte, die wir für alle Notfälle vorgesehen hatten. Aber ich konnte mich nicht zu der Entscheidung durchringen, allein weiterzumachen, vor allem, weil wir noch kein Hotel ausgesucht hatten. Im Einreiseformular hatte ich das *Conquistador* angegeben, weil dort normalerweise Geschäftsleute abstiegen, und es deshalb am ehesten mit unserem falschen Bild übereinstimmte. Außerdem wußte ich, daß das italienische Team dort wohnte, aber ich dachte, daß Elena darüber nicht informiert sei.

Zitternd vor Unruhe und Kälte war ich im Begriff, die Warterei aufzugeben, als ich sie eilig auf mich zulaufen sah, dicht gefolgt von einem Mann in Zivilkleidung, der einen dunklen Regenmantel schwenkte. Ich war wie versteinert und rechnete mit dem Schlimmsten, als der Mann sie schließlich einholte und ihr den Regenmantel gab, den sie beim Zoll liegengelassen hatte. Ihre Verspätung hatte einen anderen Grund: Dem Zerberus war aufgefallen, daß sie kein Gepäck bei sich hatte, und sie hatte jeden einzelnen Gegenstand in ihrer Handtasche, vom Paß bis zu den Kosmetikutensilien kontrolliert.

Selbstverständlich hatten die Zollbeamten nicht geahnt, daß das kleine japanische Transistorgerät, das sie bei sich hatte, auch eine Waffe war, da wir damit auf einer bestimmten Frequenz Kontakt zu den Untergrundorganisationen hielten. Trotzdem war ich unruhiger als sie, denn ich schätze, daß sie sich etwa um eine halbe Stunde verspätet hatte, aber im Taxi bewies sie mir, daß es nur sechs Minuten gewesen waren. Der

Taxifahrer seinerseits beruhigte mich mit der Bemerkung, die Ausgangssperre beginne nicht in zwanzig Minuten, wie ich geglaubt hatte, sondern erst in achtzig Minuten, denn meine Uhr war noch auf die Zeit von Rio de Janeiro eingestellt. Tatsächlich war es zwanzig vor elf, und die Nacht war trüb und eisig.

Und dafür bin ich gekommen?

Je näher wir der Stadt kamen, desto mehr wich der mit Tränen vermischte Jubel, den ich erwartet hatte, einem Gefühl der Ungewißheit. Zum alten Flughafen Los Cerillos hatte noch eine alte Landstraße geführt, vorbei an heruntergekommenen Industriebetrieben und Armenvierteln, die während des Militärputsches eine Welle von blutiger Unterdrückung erlebt hatten. Die Zufahrtsstraße zum neuen internationalen Flughafen hin ist wie in den reichsten Ländern der Welt eine beleuchtete Autobahn, und das war ein schlechter Anfang für jemanden wie mich, der nicht nur davon überzeugt war, daß die Diktatur eine Geißel war, sondern der die Spuren ihres Scheiterns auf der Straße, im täglichen Leben und in den Gewohnheiten der Leute finden mußte, um sie zu filmen und in der ganzen Welt bekannt zu machen. Aber mit jedem Meter, den wir hinter uns ließen, verwandelte sich meine anfängliche Sorge in blanke Ernüchterung. Später erzählte mir Elena, daß sie ebenso verwirrt gewesen sei, obwohl sie in letzter Zeit mehrfach in Chile gewesen war.
Und es gab allen Grund, sich zu wundern. Im Gegensatz zu dem, was man sich im Exil erzählte, präsentierte sich Santiago als strahlende Stadt, die ehrwürdigen Monumente waren beleuchtet, und in den Straßen herrschte Ordnung und Sauberkeit. Vom Repressionsapparat war weniger zu sehen als in

New York oder Paris. Vom historischen Hauptbahnhof ausgehend, den Gustave Eiffel entworfen hatte, lag die endlose Alameda Bernardo O'Higgins wie ein Lichterband vor unseren Augen. Sogar die kleinen übernächtigten Nutten auf der gegenüberliegenden Straßenseite sahen nicht so traurig und notleidend aus wie in früheren Zeiten. Plötzlich tauchte auf der Seite, wo ich saß, wie ein unerwünschtes Gespenst der Moneda-Palast auf. Als ich ihn zum letzten Mal gesehen hatte, war er eine mit Asche bedeckte leere Hülle gewesen. Jetzt, nachdem man ihn wieder aufgebaut und in Gebrauch genommen hatte, wirkte er wie eine Traumresidenz inmitten eines französischen Gartens.

Die großartigen Wahrzeichen der Stadt zogen am Fenster vorbei. Der *Club de la Unión*, in dem sich die größten *momios* trafen, um dort ihre politischen Fäden zu ziehen; die dunklen Fenster der Universität, die Kirche San Francisco, der imposante Palast der Nationalbibliothek, das Kaufhaus Paris. Neben mir kümmerte sich Elena um die Dinge des praktischen Lebens, indem sie den Fahrer überredete, uns am Hotel *Conquistador* abzusetzen, während er darauf bestand, uns zu einem anderen zu bringen, das ihn zweifellos für diesen Kundenfang bezahlte. Elena ging mit sehr viel Taktgefühl vor und sagte und tat nichts, das ihn hätte beleidigen oder stutzig machen können, denn viele Taxifahrer in Santiago arbeiten als Spitzel für die Polizei. Ich war viel zu verwirrt, um mich einzumischen.

Wir näherten uns immer mehr dem Stadtzentrum, und ich gab es allmählich auf, die materielle Pracht zu betrachten und zu bewundern, mit der die Diktatur die Blutspur von mehr als vierzigtausend Toten, zweitausend Verschwundenen und einer Million Exilierten übertünchen wollte. Statt dessen beobachtete ich die Leute, die vielleicht wegen der bevorstehenden Ausgangssperre so ungewöhnlich schnell liefen. Aber das war nicht das einzige, was mir naheging. Ihren Gesichtern, die

29

dem eisigen Wind ausgesetzt waren, sah man an, wie sie sich fühlten. Niemand sprach, niemand schaute in eine bestimmte Richtung, niemand lächelte oder gestikulierte, niemand machte auch nur die kleinste Geste, die seinen Gemütszustand verraten hätte, den man in dunklen Mänteln verbarg; es war, als befänden sich alle allein in einer unbekannten Stadt. Es waren ausdruckslose Gesichter, die nichts offenbarten. Nicht einmal Angst. Meine Stimmung änderte sich allmählich, und ich konnte der Versuchung nicht widerstehen, aus dem Taxi zu steigen und mich in der Menge zu verlieren. Elena machte mir alle möglichen vernünftigen Vorhaltungen, die aber aus Angst, daß der Fahrer sie hören könnte, lakonischer und kürzer ausfallen mußten, als ihr lieb war. Wie gebannt von einem Gefühl, dem ich nicht widerstehen konnte, ließ ich den Fahrer anhalten, stieg aus und schlug die Tür hinter mir zu.

Ich lief nicht mehr als zweihundert Meter, gleichgültig gegenüber der bedrohlich näherrückenden Ausgangssperre, aber schon die ersten hundert Meter genügten mir, um meine Stadt wieder in Besitz zu nehmen. Ich lief durch die Calle Estado, durch die Calle Huérfanos, ich lief eine ganze Straße entlang, die zum Vergnügen der Fußgänger für den Verkehr gesperrt war, wie die Calle Florida in Buenos Aires, die Via Condotti in Rom, die Place Beaubourg in Paris oder die Zona Rosa in Mexiko-Stadt. Das war eine weitere gute Idee der Diktatur, aber hier wurde trotz der Parkbänke, auf denen man ein Schwätzchen halten konnte, trotz der fröhlichen Lichter, der gutgepflegten Blumenbeete die Wirklichkeit durchschaubar.

Die wenigen Gruppen, die an den Straßenecken zusammenstanden, unterhielten sich nur mit sehr leiser Stimme, damit die allgegenwärtigen Ohren der Diktatur sie nicht hören konnten; Straßenhändler boten jeden nur denkbaren Plunder zum Verkauf an, und viele Kinder bettelten die Passanten an.

Am meisten fielen mir jedoch die Prediger des Evangeliums auf, die denen, die es hören wollten, das Rezept für die ewige Glückseligkeit zu verkaufen versuchten. Plötzlich stand ich hinter einer Straßenecke dem ersten Carabinero gegenüber, den ich seit meiner Ankunft sah. Er spazierte sehr gelassen auf dem Bürgersteig auf und ab, und in einem kleinen Wachhäuschen an der Ecke der Calle Huérfanos saßen noch weitere. Ich spürte eine plötzliche Leere im Magen, und die Knie wurden mir weich. Allein die Vorstellung, es könne mir jedesmal so ergehen, wenn ich einen Carabinero sähe, machte mich wütend. Aber ich merkte sehr schnell, daß auch sie angespannt waren, daß sie mit beklommenem Blick die Fußgänger beobachteten, und der Gedanke, daß sie mehr Angst hatten als ich, tröstete mich. Sie hatten allen Grund dazu. Wenige Tage nach meiner Reise nach Chile jagte eine Gruppe aus dem Untergrund das Wachhäuschen in die Luft.

Im Mittelpunkt meiner Erinnerungen

Und nun die Schlüssel zur Vergangenheit. Dort lag das denkwürdige Gebäude der alten Fernsehanstalt und die Audiovisuelle Abteilung, wo ich meine Laufbahn als Filmemacher begonnen hatte. Da war die Schauspielschule, in die ich mit siebzehn Jahren aus meinem Dorf in der Provinz gekommen war, um eine Aufnahmeprüfung zu machen, die für mein weiteres Leben entscheidend war. Dort hatten wir auch die großen politischen Versammlungen der Unidad Popular abgehalten. Meine schwierigsten und entscheidenden Jahre hatte ich hier verbracht. Ich ging an *Cine City* vorbei, wo ich zum ersten Mal die Meisterwerke gesehen hatte, die mich noch heute in Begeisterung versetzen, das unvergeßlichste unter ihnen *Hiroshima, mon amour*. Plötzlich lief jemand an mir vorbei, der *Yo pisaré las calles nuevamente de lo que fue*

*Santiago ensangrentada** sang, das berühmte Lied von Pablo Milanés. Dieses zufällige Zusammentreffen war fast zu großartig, und ich spürte einen Kloß im Hals. Zutiefst erschüttert vergaß ich die Uhrzeit, ich vergaß meine Identität, vergaß, daß ich illegal hier war, und für einen Augenblick war ich wieder ich selbst und niemand anders in meiner wiedergefundenen Stadt, und ich mußte den irrationalen Impuls unterdrücken, aus vollem Hals meinen Namen zu rufen und meine Identität zu enthüllen und jedem entgegenzutreten, der mir mein Recht nehmen wollte, zu Hause zu sein.

Weinend kam ich ins Hotel zurück. Es war unmittelbar vor der Ausgangssperre, und der Portier mußte mir die Tür aufschließen, die er gerade verriegelt hatte. Elena hatte bei der Rezeption bereits unsere Anmeldeformulare ausgefüllt und war auf dem Zimmer, wo sie gerade die Antenne des Transistorradios wieder zusammenschob. Sie wirkte ruhig, aber als sie mich hereinkommen sah, ging sie wie eine vorbildliche Ehefrau an die Decke. Sie konnte nicht begreifen, warum ich das unnötige Risiko eingegangen war, bis zur Ausgangssperre allein durch die Straßen zu laufen. Aber ich hatte keine Lust, mir ihre Standpauke anzuhören, und reagierte ebenfalls wie ein vorbildlicher Ehemann. Ich lief aus dem Zimmer, knallte die Tür hinter mir zu und machte mich auf die Suche nach dem italienischen Team, das im selben Hotel wohnte.

Ich klopfte an die Zimmertür von Nr. 306, zwei Stockwerke unter unserem Zimmer, und konzentrierte mich, um mich nicht bei dem langen Losungswort zu verheddern, das ich mit der Leiterin des Teams vor zwei Monaten in Rom ausgemacht hatte. Eine verschlafene Stimme – die warme Stimme von Grazia, die ich ohne irgendein Losungswort jederzeit wiedererkennen würde, fragte mich:

»Wer ist da?«

* *Ich werde die Straßen wieder betreten, in denen Santiago verblutete.* (Anm. d. Übers.)

»Gabriel.« .

»Und weiter?« fragte Grazia.

»Der Erzengel«, sagte ich.

»Sankt Georg und Sankt Michael?«

Aber auch angesichts der Richtigkeit der Antworten beruhigte sich ihre Stimme keineswegs, sondern zitterte immer mehr. Das war seltsam, denn auch sie mußte nach unserem langen Gespräch in Italien meine Stimme wiedererkannt haben, und trotzdem machte sie mit dem Losungswort weiter, auch nachdem ich ihr versichert hatte, daß der heilige Georg und der heilige Michael die Erzengel seien.

»Sarco«, sagte sie.

So hieß in *Reisender der vier Jahreszeiten*, in dem Film, den ich in San Sebastián schließlich noch nicht gedreht hatte, eine der Figuren mit Nachnamen, und ich nannte Grazia seinen Vornamen:

»Nicolás.«

Grazia, eine Journalistin, die mit schwierigen Aufträgen Erfahrung hatte, gab sich auch mit so vielen Beweisen nicht zufrieden:

»Wieviel Meter Film?« fragte sie.

Da wurde mir klar, daß sie die Losung bis zum Ende durchgehen wollte, von dem wir allerdings noch sehr weit entfernt waren, und ich hatte Angst, daß man dieses verdächtige Spielchen in den benachbarten Zimmern hören könnte.

Aber mit einer Unerbittlichkeit, die sich in den nächsten Tagen noch in jeder Minute offenbaren sollte, öffnete sie die Tür erst, als wir am Ende der Losung angelangt waren.

»Verdammt«, sagte ich mir, und dachte dabei nicht nur an Elena, sondern auch an Ely, »die Frauen sind doch alle gleich.« Und ich beantwortete den Fragenkatalog weiter. Aber wenn ich irgend etwas im Leben verabscheue, dann den Gehorsam von abgerichteten Ehemännern. Als wir bei den letzten Worten angekommen waren, öffnete mir dieselbe jugendliche und entzückende Grazia, die ich in Italien kennengelernt hatte, ohne Vorbehalt die Tür, starrte mich wie ein Gespenst an und warf sie entsetzt wieder zu. Später sagte sie mir: »Du kamst mir wie jemand vor, den ich schon einmal gesehen hatte, aber von dem ich nicht mehr wußte, wer er war.« Es war verständlich. In Italien hatte sie einen leicht schlampigen Miguel Littín kennengelernt, mit Bart, ohne Brille und eben irgendwie angezogen. Der Mann, der an ihre Tür geklopft hatte, war kahlköpfig, kurzsichtig, glatt rasiert und gekleidet wie ein Bankangestellter.

»Mach ruhig auf«, sagte ich zu ihr. »Ich bin's, Miguel.«

Sogar nachdem sie mich aufmerksam gemustert und hereingelassen hatte, betrachtete sie mich noch mit einer gewissen Reserviertheit. Bevor sie mich begrüßte, hatte sie das Radio voll aufgedreht, um zu verhindern, daß unser Gespräch in den angrenzenden Zimmern gehört oder von versteckten Mikrophonen aufgezeichnet werden könnte. Aber sie war beruhigt. Eine Woche zuvor war sie mit ihrem dreiköpfigen Team angekommen, und dank der guten Dienste ihrer Botschaft, deren Angestellte von unseren wirklichen Absichten selbstverständlich nichts ahnten, hatten sie bereits Akkreditierung und Arbeitserlaubnis erhalten. Und mehr noch: Das Team hatte bereits hohe Funktionäre des Regimes gefilmt, die einige Abende zuvor an einer Galavorstellung von *Madame Butterfly* teilgenommen hatten, zu der die italienische Botschaft ins *Teatro Municipal* eingeladen hatte. General Pinochet war ebenfalls eingeladen gewesen, hatte sich aber in letzter Minute entschuldigen lassen. Für uns war jedoch die Anwesenheit des italienischen Teams bei der Galavorstellung sehr wichtig, denn auf diese Weise begründete es offiziell seine Anwesenheit in Santiago, und es würde sich in den nächsten Tagen auf den Straßen sehen lassen können, ohne Mißtrauen hervorzurufen. Hinzu kam, daß über die Dreherlaubnis in den Innenräumen des Moneda-Palastes bereits positiv entschieden worden war, wie man den Antragstellern versichert hatte, so daß einem Drehtermin nichts entgegenstehen würde.

Die Nachricht begeisterte mich so sehr, daß ich sofort anfangen wollte zu arbeiten. Hätte es keine Ausgangssperre gegeben, hätte ich Grazia gebeten, den Rest des Teams zu wecken, um die erste Nacht meiner Rückkehr zu dokumentieren. Wir machten konkrete Pläne, um in den frühen Morgenstunden mit den Dreharbeiten anfangen zu können, aber wir waren uns darin einig, daß die anderen Teammitglieder das Programm nicht im voraus erfahren und in dem Glauben bleiben sollten, Grazia führe Regie. Grazia ihrerseits wußte nicht, daß zwei weitere Teams an diesem Film arbeiteten. Wir kamen gut voran und tranken in kleinen Schlückchen *grappa*, dieses italienische Feuerwasser, das sie wie ein Amulett immer bei sich hatte, als plötzlich das Telefon klingelte. Wir sprangen beide gleichzeitig auf, und Grazia nahm den Hörer im Flug ab, hörte einen Moment zu und hängte dann ein. Die Hotelrezeption hatte darum gebeten, die Musik leiser zu stellen, da ein Hotelgast aus einem der Nachbarzimmer angerufen und sich beschwert hatte.

Entsetzliche Stille voller Erinnerungen

Es waren zu viele Gefühle für einen einzigen Tag gewesen. Als ich in mein Zimmer zurückkam, schlief Elena wie ein Murmeltier, aber sie hatte die Nachttischlampe auf meiner Seite angelassen. Lautlos zog ich mich aus und machte mich bereit, in einen gottgefälligen Schlaf zu sinken, aber das war unmöglich. Sobald ich mich im Bett ausgestreckt hatte, spürte ich die entsetzliche Stille der Ausgangssperre. Ich kann mir nirgends auf der Welt eine ähnliche Stille vorstellen. Eine Stille, die mir auf der Brust lastete und die immer schwerer wurde und niemals aufhören würde. Nicht ein einziger Laut in der riesigen erloschenen Stadt. Weder das Geräusch des Wassers in den Rohren, noch Elenas Atem, noch die Geräusche meines eigenen Körpers.

In großer Erregung stand ich auf, lehnte mich aus dem Fenster und versuchte, die frische Luft der Straße zu atmen, versuchte, die verlassene, doch tatsächlich vorhandene Stadt zu sehen. Nie hatte ich sie so einsam und traurig gefunden, seit ich in den ungewissen Tagen meiner Jugend hier angekommen war. Das Fenster lag im fünften Stock und ging auf eine Sackgasse mit hohen geschwärzten Mauern, über denen hinter aschgrauem Nebel ein Stückchen Himmel zu sehen war. Ich fühlte mich nicht wie in meinem Land, nicht einmal wie im wirklichen Leben, sondern wie ein eingekreister Verbrecher in einem der alten winterlichen Filme von Marcel Carné.

Zwölf Jahre zuvor hatte um sieben Uhr morgens ein Sergeant an der Spitze einer Militärpatrouille eine MP-Salve über meinem Kopf abgefeuert und mir befohlen, mich zu der Gruppe von Gefangenen zu stellen, die zum Gebäude der *Chile Films* getrieben wurden, wo ich arbeitete. Die ganze Stadt bebte von Sprengladungen, Gewehrschüssen und Kampfflugzeugen, die im Tiefflug über sie hinwegjagten. Der Sergeant, der mich verhaftet hatte, war so verwirrt, daß er mich fragte, was eigentlich vor sich ginge. »Wir sind neutral«, erklärte er. Aber ich erfuhr weder, warum er das sagte, noch warum er im Plural sprach. Als wir einen Augenblick allein waren, fragte er mich: »Sie haben doch *El chacal de Nahualtoro**gemacht, nicht?«

Ich bejahte, und er schien alles um sich herum zu vergessen, die Schüsse, die Explosion, die Brandbombe im Präsidentenpalast, und bat mich, ihm zu erklären, wie man es in Filmen

---

* Der Schakal von Nahualtoro, 1968. Preis der chilenischen Filmkritik und offizieller Beitrag Chiles bei den Berliner Filmfestspielen. (Anm. d. Übers.)

hinkriege, daß den falschen Toten Blut aus den Wunden fließt. Ich erklärte es ihm, und er war fasziniert.

Aber fast augenblicklich kehrte er in die Realität zurück.

»Dreht euch nicht um!« schrie er, »oder ich rasier euch den Kopf ab!«

Wir hätten alles für ein Spiel gehalten, wenn wir nicht Minuten vorher die ersten Toten auf der Straße gesehen hätten, einen Schwerverletzten, der auf einem Bürgersteig lag und verblutete, ohne daß ihm jemand zu Hilfe kam, und Horden von Zivilisten, die mit Knüppeln auf Anhänger von Präsident Salvador Allende einschlugen. Wir hatten eine Gruppe von Gefangenen gesehen, die mit dem Rücken zur Wand standen und einen Trupp Soldaten, die eine Exekution mit ihnen simulierten*. Aber die selben Soldaten, die uns führten, fragten, was denn eigentlich los sei und wiederholten beharrlich: »Wir sind neutral.« Das Getöse und die Verwirrung hätten nicht größer sein können.

Rund um das Gebäude der *Chile Films* hatten sich Soldaten mit Maschinengewehren auf Dreibeinen postiert, und die Mündungen waren auf den Eingang gerichtet. Ein Portier mit einer schwarzen Baskenmütze und einem Parteiabzeichen der Sozialistischen Partei kam uns entgegen.

»Ha!« schrie er und zeigte auf mich, »dieser Herr da, der Herr Littín, ist für alles, was hier läuft, verantwortlich.« Der Sergeant stieß ihm in die Rippen, und er fiel zu Boden. »Geh zum Teufel!« brüllte er ihn an, »und spiel hier nicht den Waschlappen!«

Der Portier richtete sich erschreckt auf allen vieren auf und fragte mich:

»Trinken Sie nicht ein Täßchen Kaffee, Herr Littín? Ein kleines Täßchen Kaffee?«

---

* Die Gefangenen werden mit verbundenen Augen an die Wand gestellt, und beim Feuerbefehl schießt das Exekutionskommando über ihre Köpfe hinweg.

Der Sergeant bat mich, telefonisch herauszufinden, was eigentlich vorginge. Ich versuchte es, konnte aber niemanden erreichen. Alle paar Minuten kam ein Offizier herein und gab einen Befehl, und einen Moment später kam jemand anderes und befahl das Gegenteil: Wir dürften rauchen, wir dürften nicht rauchen, wir sollten uns hinsetzen, wir sollten aufstehen. Nach einer halben Stunde erschien ein sehr junger Soldat und zeigte mit dem Gewehr auf mich.

»Hören Sie, Sergeant«, sagte er, »da ist eine blonde Frau, die nach dem Herrn da fragt.«

Es war Ely, zweifellos. Der Sergeant verließ den Raum, um mit ihr zu sprechen. In der Zwischenzeit erzählten uns die Soldaten, daß man sie in aller Herrgottsfrühe geweckt hätte, daß sie nicht gefrühstückt hätten, daß sie Befehl hätten, nichts anzunehmen, daß sie frören und hungrig seien. Das einzige, was wir für sie tun konnten, war, ihnen unsere Zigaretten zu schenken.

Das taten wir gerade, als der Sergeant mit einem Oberstleutnant zurückkam, der die Gefangenen identifizierte, um sie dann ins Stadion transportieren zu lassen. Als ich an der Reihe war, ließ der Sergeant mir keine Zeit zu antworten.

»Nein, Herr Oberstleutnant,« sagte er seinem Vorgesetzten. »Dieser Herr hat nichts damit zu tun, er ist nur hierhergekommen, um Anzeige zu erstatten, weil ein paar Nachbarn sein Auto demoliert hatten.«

Der Oberstleutnant sah mich entgeistert an.

»Wie kann man so idiotisch sein, im Moment überhaupt wegen irgendwas Anzeige zu erstatten?« rief er. »Machen Sie, daß Sie wegkommen!«

Ich rannte los, davon überzeugt, daß sie mir in den Rücken schießen würden, unter dem uralten Vorwand, ich hätte einen Fluchtversuch gemacht. Aber es geschah nichts. Ely, der ein Freund erzählt hatte, man habe mich vor dem Gebäude der *Chile Films* erschossen, war gekommen, um meine Leiche

abzuholen. Verschiedene Häuser in der Straße hatten ge-
flaggt, das vereinbarte Zeichen, damit die Militärs ihre Anhänger erkennen konnten. Eine Nachbarin hatte uns bereits
denunziert; sie hatte über unsere Beziehungen zur Regierung, meine enthusiastische Beteiligung an Allendes Kam-
pagne und die Versammlungen Bescheid gewußt, die wir im
Bewußtsein des bevorstehenden Militärputsches bei uns
durchgeführt hatten. Also kehrten wir nicht nach Hause
zurück, sondern wohnten mit unseren drei Kindern und den
lebensnotwendigen Dingen einen Monat lang mal hier, mal
dort, immer auf der Flucht vor dem Tod, der uns auf den
Fersen war, bis der Kreis so erstickend eng wurde, daß er uns
in den Tunnel des Exils zwang.

3
Auch die, die blieben,
gingen ins Exil

Morgens um acht bat ich Elena, eine Telefonnummer anzurufen, die nur mir bekannt war, und nach jemandem zu fragen, dem ich einen falschen Namen geben will: Franquie. Er war direkt am Apparat, und sie bat ihn ohne weitere Erklärungen, im Namen von Gabriel ins Zimmer Nummer 501 des Hotels *Conquistador* zu kommen. Knapp eine halbe Stunde später war er da. Elena hatte sich bereits zum Ausgehen fertiggemacht, aber ich war im Bett geblieben, und als ich das Klopfen an der Tür hörte, zog ich mir das Laken über den Kopf. Tatsächlich wußte Franquie nicht, wen er antreffen würde, denn wir hatten vereinbart, daß jeder, der ihn mit dem Namen Gabriel anrief, von mir geschickt war. In den letzten drei Tagen hatten ihn drei Gabriels angerufen, die die Filmteams leiteten, also auch Grazia, und er hatte keinen Grund zu der Annahme, daß dieser weitere Gabriel ich selbst sei.

Schon lange vor den Zeiten der Unidad Popular*waren wir Freunde gewesen; wir hatten bei meinem ersten Film zusammengearbeitet und uns auf verschiedenen Filmfestivals getroffen, das letzte Mal im vergangenen Jahr in Mexiko. Aber als ich das Laken vom Gesicht nahm, erkannte er mich nicht, bis ich anfing zu lachen, was ja mein unveränderliches Kennzeichen ist. Das flößte mir größeres Vertrauen in mein neues Aussehen ein.

Ich hatte Franquie Ende letzten Jahres angeworben. Er hatte es übernommen, die Vorausinstruktionen getrennt entgegenzunehmen und sie den Filmteams zu übermitteln, sowie eine

---

* Wörtlich: »Einheit des Volkes«; Bündnis verschiedener linker Parteien und Organisationen, als deren Kandidat Dr. Salvador Allende 1970 die Parlamentschaftswahl gewann.

Reihe von Grundvoraussetzungen zu schaffen, die unsere Arbeit erleichterten, ohne sich mit den Aufgaben Elenas zu überschneiden. Seine Akte war sauber: Er ist Chilene, er hat auf eigenen Wunsch nach dem Militärputsch in Caracas um politisches Asyl gebeten, ohne daß ihm irgend etwas zur Last gelegt worden war, und seitdem hatte er zahlreiche illegale Aufträge in Chile ausgeführt, wo er sich mit einer absolut sicheren Tarnung völlig frei bewegte. Seine Beliebtheit bei den Leuten aus dem Filmmilieu, seine Phantasie und sein Wagemut machten ihn zum idealen Gefährten bei diesem Abenteuer. Ich hatte mich nicht geirrt. Wie abgesprochen, war er eine Woche zuvor ohne Begleitung auf dem Landweg von Peru aus nach Chile eingereist, um die drei Teams getrennt zu empfangen und ihre Aktivitäten zu koordinieren, und sie waren bereits an der Arbeit.

Das französische Team befand sich im Norden des Landes und drehte zwischen Arica und Valparaíso nach einem minutiösen Plan, den der Regisseur und ich Monate vorher in Paris festgelegt hatten. Das holländische Team machte das gleiche im Süden. Die Italiener sollten in Santiago bleiben und unter meiner Regie arbeiten, sich außerdem bereithalten, auch unvorhergesehene Ereignisse zu dokumentieren. Alle drei Teams hatten Weisung, die Leute über Salvador Allende zu befragen, wann immer es risikolos und ohne Verdacht zu erregen möglich war, denn unserer Meinung nach war der Märtyrerpräsident der beste Bezugspunkt, um die Position eines jeden Chilenen gegenüber dem gegenwärtigen Zustand des Landes und seinen zukünftigen Möglichkeiten einzuschätzen.

Franquie hatte die genauen Reisepläne jedes Teams sowie die Liste der Hotels, in denen sie wohnten, so daß er jederzeit Kontakt zu ihnen aufnehmen konnte. Auf diese Weise konnte ich ihnen persönlich telefonische Anweisungen geben. Zur größeren Sicherheit sollte Franquie mich in einem Mietwagen herumfahren, den wir für jeweils drei bis vier Tage bei verschiedenen Leihfirmen mieten würden. Für die Dauer der Dreharbeiten trennten wir uns äußerst selten.

Drei Enthauptete bringen einen General zu Fall

Um neun Uhr morgens begannen wir mit der Arbeit. Die Plaza de Armas, nur wenige Straßen vom Hotel entfernt, war unter der blassen und milden Herbstsonne, die durch die Blätter der großen Bäume drang, noch ergreifender als in meiner Erinnerung. Die Blumen, die dort schon immer gestanden hatten und die jede Woche erneuert werden, erschienen mir frischer und leuchtender als je zuvor. Schon vor einer Stunde hatte das italienische Team begonnen, die allmorgendliche Routine zu filmen: die Rentner, die auf den Holzbänken saßen und Zeitung lasen, die alten Leute, die Tauben fütterten, die Straßenhändler mit ihrem Trödelkram, die Fotografen hinter ihren anachronistischen Kameras mit den schwarzen Bälgen, die Zeichner, die innerhalb von drei Minuten Karikaturen anfertigten, die Schuhputzer, die man in Verdacht hatte, daß sie Spitzel des Regimes seien, die Kinder, die mit ihren bunten Luftballons vor dem Eiswägelchen standen, und die Leute, die aus der Kathedrale kamen. In einer Ecke des Platzes sah man die übliche Gruppe von arbeitslosen Künstlern darauf warten, daß jemand sie für unvorhergesehene Feste verpflichtete: bekannte Musiker, Zauberer und Clowns, Transvestiten in extravaganter Kleidung und Make-up, deren wirkliches Geschlecht man unmöglich erahnen konnte. Im Gegensatz zu vergangener Nacht hatten sich an jenem schönen Morgen mehrere aufmerksame und gut bewaffnete Trupps von Carabineros auf dem Platz postiert. Aus ihren Mannschaftswagen, die offensichtlich mit phonstarken Musikanlagen ausgerüstet waren, dröhnten mit voller Lautstärke die Schlager der Saison.

Erst später entdeckte ich, daß die Abwesenheit von Ordnungskräften auf den Straßen eine reine Sinnestäuschung des gerade Angekommenen war. Zu jeder Uhrzeit halten sich beispielsweise Einsatzkommandos in den wichtigsten U-Bahnhöfen versteckt, und in Seitenstraßen stehen Wasserwerfer bereit, um jeden Protest schon im Keim mit brutaler Gewalt zu ersticken. Die Wachsamkeit ist an der Plaza de Armas, einem neuralgischen Punkt Santiagos, noch größer, denn dort befindet sich die *Vicaría de la Solidaridad**, eine wichtige Bastion gegen die Diktatur unter der Schirmherrschaft von Kardinal Raúl Silva Henríquez. Die *Vicaría* wird nicht nur von den Katholiken unterstützt, sie kann mit der Hilfe aller rechnen, die in Chile für die Rückkehr zur Demokratie kämpfen. Dadurch erhielt die *Vicaría* eine moralische Autorität, der man sich nur schwer in den Weg stellen konnte, und der große sonnige Innenhof des Gebäudes im Kolonialstil gleicht heute zu jeder Tageszeit einem Marktplatz. Hier finden die Verfolgten aller Richtungen Zuflucht und humanitäre Unterstützung, und denen, die Hilfe benötigen, kann schnell und wirksam geholfen werden; es ist sicher, daß die Hilfe dort ankommt, wo sie gebraucht wird – vor allem bei den politischen Gefangenen und ihren Familienangehörigen. Von hier aus werden Folterungen angezeigt, Hilfsaktionen für die Verschwundenen organisiert und Kampagnen gegen Unrecht jeder Art durchgeführt.

Einige Monate vor meiner illegalen Einreise hatte die Diktatur die *Vicaría* blutig herausgefordert, doch hatte sich das gegen die Junta selbst gekehrt und ihre Stabilität ins Wanken gebracht. Ende Februar 1985 wurden drei Oppositionelle mit einer solch spektakulären Demonstration von Gewalt ent-

---

* *Vicaría de la Solidaridad,* das Solidaritätsvikariat der katholischen Kirche Chiles, gibt politischen Gefangenen, ihren Familienangehörigen und politisch Verfolgten humanitäre und politische Hilfe sowie juristischen Beistand. (Anm. d. Übers.)

führt, daß kein Zweifel darüber bestand, wer die Urheber waren. Der Soziologe José Manuel Parada, Mitarbeiter der *Vicaría*, wurde in Gegenwart seiner kleinen Kinder gegenüber von der Schule festgenommen, die sie besuchten; die Polizei hatte im Umkreis von drei Straßen den Verkehr umgeleitet, während Militärhubschrauber das Gebiet aus der Luft kontrollierten. Die beiden anderen wurden kurz hintereinander an verschiedenen Stellen der Stadt entführt. Einer war Manuel Guerrero, ein leitender Funktionär der *Asociación Gremial de Educación de Chile**, und der andere Santiago Nattino, ein beruflich sehr angesehener Graphiker, von dem man bis dahin nicht gewußt hatte, daß er sich politisch aktiv betätigte. Zum maßlosen Entsetzen aller wurden ihre drei Leichen, geköpft und mit Spuren unvorstellbarer Grausamkeit übersät, am 2. März 1985 in der Nähe des internationalen Flughafens von Santiago auf einem einsamen Weg gefunden. General César Mendoza Durán, Kommandant der Carabineros und Mitglied der Regierungsjunta, erklärte gegenüber der Presse, der dreifache Mord sei die Folge von internen Auseinandersetzungen unter den Kommunisten und von Moskau gesteuert. Aber die Empörung des ganzen Landes deckte diese Lüge auf, und General Mendoza Durán, den die öffentliche Meinung für dieses Massaker verantwortlich machte, mußte aus der Regierung ausscheiden. Danach hatten unbekannte Hände den Namen der Calle del Puente, einer der vier Straßen, die von der Plaza de Armas abgehen, auf dem Straßenschild getilgt und an seine Stelle den Namen geschrieben, unter dem die Straße jetzt bekannt ist: Calle José Manuel Parada.

---

* Lehrer- und Erzieherverband. (Anm. d. Übers.)

»Ich beglückwünsche Sie, daß Sie
Uruguayer sind«

Das Unbehagen über jenes brutale Drama war an jenem Morgen noch zu spüren, als Franquie und ich wie zwei normale Passanten auf die Plaza de Armas kamen. Ich sah, daß das Filmteam an seinem Platz war, den Grazia und ich in der vorangegangenen Nacht ausgemacht hatten. Grazia hatte uns bemerkt, dem Kameramann aber noch keine Anweisung gegeben. Franquie entfernte sich von mir, und ich übernahm persönlich die Regie des Films, so wie ich es vorher mit den Verantwortlichen der drei Filmteams verabredet hatte. Zunächst machte ich einen Rundgang durch die Fußgängerzone, den ich an bestimmten Stellen unterbrach, um Grazia anzugeben, wo und aus welcher Perspektive sie mich filmen sollte, wenn ich den Rundgang wiederholte. Im Augenblick waren weder sie noch ich auf der Suche nach Details, durch die die Existenz des repressiven Regimes latent in den Straßen sichtbar würde. An jenem Morgen ging es allein darum, die Atmosphäre eines beliebigen Tages einzufangen, besonders das Verhalten der Leute, die mir wie auch in der vergangenen Nacht sehr viel weniger kommunikativ erschienen als in früheren Zeiten. Sie gingen schneller, ohne sich nur im geringsten dafür zu interessieren, was um sie herum passierte, und selbst wenn sie sich unterhielten, geschah das sehr zurückhaltend und ohne ihre Worte mit Gesten zu unterstreichen, wie es nach meiner Erinnerung die Chilenen früher getan hatten und die im Exil lebenden noch heute taten. Ich ging zwischen den Gruppen hin und her und versuchte, mit meinem Minitonbandgerät, das in meiner Hemdtasche steckte, Gesprächsfetzen aufzufangen, mit denen ich nicht nur diesen Tag, sondern den ganzen Film besser zusammensetzen konnte.

Nachdem ich die Stellen angegeben hatte, wo gefilmt werden

sollte, setzte ich mich, um einige Notizen zu machen, neben eine Frau, die auf einer der Holzbänke in der Sonne saß. Mehrere Generationen von Verliebten hatten mit Taschenmessern Herzen und Namen in die grüngestrichene Rückenlehne geschnitzt. Da ich wie immer mein Notizbuch vergessen hatte, schrieb ich auf die Rückseite der Gitanes-Schachteln, mit denen ich mich in Paris eingedeckt hatte. Das behielt ich während der gesamten Dreharbeiten bei, und wenn ich die leeren Zigarettenschachteln auch nicht aus diesem Grund aufhob, so dienten mir diese Notizen doch wie ein Schiffstagebuch dazu, die Einzelheiten der Reise festzuhalten.

Während ich an jenem Morgen auf der Plaza de Armas schrieb, bemerkte ich, daß die Frau, die neben mir saß, mich aus den Augenwinkeln beobachtete. Sie war in einem beschaulichen Alter und im altmodischen Stil der unteren Mittelschichten gekleidet, mit einem ziemlich abgetragenen Hut und einem Mantel mit Pelzkragen. Ich konnte nicht verstehen, warum sie hier so allein und schweigsam saß, ohne irgendwo hinzusehen oder sich von den Tauben aus der Ruhe bringen zu lassen, die um unsere Köpfe flatterten und an den Rändern unserer Schuhe herumpickten. Ich hätte es nie verstanden, wenn sie mir nicht später erzählt hätte, daß sie sich während der Messe verkühlt habe und sich, bevor sie in die U-Bahn stiege, ein wenig aufwärmen wolle. Ich tat so, als läse ich meine Zeitung und bemerkte, daß sie mich von Kopf bis Fuß musterte, zweifellos weil meine Kleidung ungewöhnlicher war als die der Leute, die normalerweise um diese Uhrzeit hier anzutreffen waren. Ich lächelte sie an, und sie fragte mich, woher ich käme. Ich setzte das Aufnahmegerät in Gang, indem ich unmerklich auf einen Hemdknopf drückte.

»Ich bin Uruguayer«, sagte ich zu ihr.

»Ach«, sagte sie, »da gratuliere ich Ihnen zu dem Glück, das Sie haben.«

Sie spielte auf Uruguays Rückkehr zur parlamentarischen

Demokratie an, und sie sprach in einem Tonfall davon, als wolle sie sich wehmütig an ihre eigene Vergangenheit erinnern. Ich gab mich zerstreut, um sie dazu zu bringen, deutlicher zu werden, aber ich schaffte es nicht, daß sie mir vertraulich irgend etwas über ihre Situation erzählte. Immerhin spach sie ohne Vorbehalte von den fehlenden individuellen Freiheiten und vom Drama der Arbeitslosigkeit in Chile. Im entsprechenden Augenblick deutete sie auf die Bänke, auf denen jedesmal mehr Arbeitslose, Clowns und Transvestiten saßen.

»Sehen Sie sich mal diese Leute an«, sagte sie zu mir. »Sie warten tagelang auf Hilfe, weil sie keine Arbeit haben. In unserem Land gibt es Hunger.«

Ich ließ sie reden. Dann begann ich mit dem zweiten Rundgang über den Platz, als sich abschätzen ließ, daß seit dem ersten etwa eine halbe Stunde vergangen sein mußte, und Grazia gab dem Kameramann das Zeichen zum Drehbeginn, ohne sich mir zu nähern und die Aufmerksamkeit der Carabineros auf mich zu lenken. Aber das Problem war eher umgekehrt: Ich ließ die Carabineros einfach nicht aus den Augen, denn sie übten auf mich eine Anziehungskraft aus, der ich nur schwer widerstehen konnte.

Obwohl es in Chile immer Straßenhändler gegeben hatte, konnte ich mich nicht daran erinnern, daß es so viele gewesen waren. Es gibt kaum einen Winkel im Geschäftsviertel, wo sie nicht stumm in langen Reihen stehen. Sie verkaufen alles, und sie sind so zahlreich und so verschieden, daß schon allein ihre Anwesenheit ein soziales Drama offenbart. Neben einem arbeitslosen Arzt, einem heruntergekommenen Ingenieur oder einer hochherrschaftlich anmutenden Dame, die ihre Kleidung aus besseren Zeiten zu Schleuderpreisen verkaufen, bieten obdachlose Kinder gestohlene Gegenstände an, einfache Frauen versuchen, altes Brot zu verkaufen. Aber die meisten dieser verarmten Bürger haben alles verloren, nur nicht ihre Würde. Hinter den Auslagen mit allem möglichen Trödelkram sitzen sie in derselben Kleidung wie früher in ihren florierenden Geschäften. Ein Taxifahrer, der ein gutgehendes Textilgeschäft gehabt hatte, machte eine mehrstündige Stadtrundfahrt mit mir und weigerte sich am Ende, den Fahrpreis anzunehmen.

Während der Kameramann die Atmosphäre auf dem Platz filmte, lief ich zwischen den Leuten hin und her und versuchte, Gesprächsfetzen aufzunehmen, die ich für einen anschaulichen Bildkommentar verwenden wollte, wobei ich darauf achtete, niemanden zu kompromittieren, der später auf der Leinwand identifiziert werden konnte. Grazia beobachtete mich aufmerksam aus einem anderen Winkel, und ich beobachtete sie. Man folgte meinen Anweisungen, zuerst die höchsten Gebäude aufzunehmen, und dann schwenkte die Kamera ganz allmählich nach unten und richtete sich schließlich auf die Carabineros. Wir wollten die Spannung in ihren Gesichtern filmen, denn es ging auf die Mittagszeit zu, und der Platz wurde immer belebter. Aber sie bemerkten sehr schnell, auf wen die Kamera gerichtet war, fühlten sich beobachtet und verlangten von Grazia die Dreherlaubnis für Straßenaufnahmen. Ich sah, wie sie das Papier vorzeigte, sah, wie schnell sich der Beamte zufriedengab, und setzte meinen Rundgang erleichtert fort. Später erfuhr ich, daß der Carabinero Grazia gebeten hatte, sie nicht zu filmen, aber daß er nachgab, als sie erwiderte, diese Ausnahme sei in der Dreherlaubnis nicht aufgeführt und sie als Italienerin habe keine unerwünschten Befehle auszuführen. Das fand ich interessant, denn es bewies, daß ein europäisches Team in Chile tatsächlich jene Vorteile genoß, die wir vermutet hatten.

Die Carabineros übten eine magische Anziehungskraft auf mich aus. Ich ging mehrere Male sehr nah an ihnen vorbei und suchte nach einem Anlaß, um mit ihnen ins Gespräch zu kommen. Plötzlich, aus einem unwiderstehlichen Impuls heraus, näherte ich mich einer Streife und stellte ihnen einige Fragen über das Rathaus, ein Gebäude im Kolonialstil, das im vergangenen März bei einem Erdbeben beschädigt worden war und nun wieder aufgebaut wurde. Der Polizist antwortete mir, sah mich aber nicht an, um keine Einzelheiten von dem, was auf dem Platz vor sich ging, aus dem Blick zu verlieren. Sein Kollege verhielt sich ebenso, warf mir aber manchmal mit wachsender Ungeduld mißtrauische Blicke zu, denn ihm fiel allmählich die gezielte Dummheit meiner Fragen auf. Schließlich sah er mich mit furchteinflößendem Stirnrunzeln an und befahl mir:

»Gehen Sie weiter!«

Aber für mich war der Bann gebrochen, und die Beunruhigung, die die Carabineros bei mir ausgelöst hatten, verwandelte sich in eine Art Rausch. Statt seinem Befehl zu folgen, setzte ich dazu an, ihnen eine Lektion über das Verhalten zu erteilen, das die Polizei angesichts der Wißbegier eines friedlichen Ausländers an den Tag zu legen habe. Ich hatte allerdings nicht vorausgesehen, daß mein falscher uruguayischer Akzent solch einer schwierigen Prüfung nicht standhielt. Der Carabinero hatte schließlich genug von meinem Vortrag in Staatsbürgerkunde und verlangte meine Papiere.

Während der ganzen Reise wurde ich nie wieder so vom Entsetzen gepackt wie in diesem Augenblick. Ich dachte an alles: Zeit zu gewinnen, Widerstand zu leisten und sogar die Flucht zu ergreifen, obwohl mir bewußt war, daß man mich fassen würde. Ich dachte an Elena, die jetzt gerade Gott weiß wo war, und mein einziger Hoffnungsschimmer war, daß der

Kameramann alles festhielt und dieser unwiderlegbare Beweis für meine Verhaftung im Ausland verbreitet werden würde. Außerdem war Franquie in der Nähe, und so wie ich ihn kannte, hatte er mich sicherlich nicht aus den Augen verloren. Das Einfachste wäre selbstverständlich gewesen, meinen Paß vorzuzeigen, der sich bereits auf mehreren Flughäfen bewährt hatte. Allerdings fürchtete ich eine genauere Untersuchung, denn erst in diesem Moment war ich mir eines tödlichen Irrtums bewußt geworden, den ich mit mir herumtrug. Der Paß steckte in derselben Brieftasche wie mein chilenischer Personalausweis, den ich aus Nachlässigkeit dort gelassen hatte, und eine Kreditkarte mit meinem richtigen Namen. Aber ich hatte keine andere Wahl, als den Weg des geringsten Risikos zu gehen, und zeigte den Paß vor. Der Carabinero war sich auch nicht sehr sicher, was er machen sollte; er warf einen Blick auf das Foto und gab mir den Paß mit einer weniger schroffen Gebärde zurück.

»Was wollen Sie über dieses Gebäude wissen?« fragte er mich.

Ich holte tief Luft.

»Nichts«, antwortete ich. »Es war nur ein Scherz.«

Dieser Zwischenfall heilte mich für den Rest der Reise von der Unruhe, die die Carabineros bei mir ausgelöst hatten. Seitdem beachtete ich sie ebenso ungezwungen, wie es die in der Legalität lebenden Chilenen und sogar die »Illegalen« tun, von denen es sehr viele gibt. Und mehr noch: Zwei- oder dreimal bat ich die Carabineros um kleine Gefälligkeiten, die sie mir auch bereitwillig gewährten. Unter anderem machten sie nichts Geringeres, als mich mit einem Streifenwagen zum Flughafen zu fahren, damit ich wenige Minuten, bevor die Polizei meine Anwesenheit in Santiago entdecken sollte, mein Flugzeug ins Ausland erreichen konnte. Elena hatte kein Verständnis dafür, daß jemand die Polizei provozierte, nur um seine innere Anspannung loszuwerden, und unsere

Arbeitsbeziehungen, die bereits einige gefährliche Risse zeigten, wurden allmählich brüchig.

Wenigstens bereute ich meine Unbesonnenheit, bevor sie oder jemand anderes mich dafür hätten tadeln können. Kaum hatte der Carabinero mir den Paß zurückgegeben, machte ich Grazia das vereinbarte Zeichen, die Dreharbeiten zu beenden. Franquie, der alles von der anderen Seite des Platzes ebenso erschrocken wie ich verfolgt hatte, hatte es eilig, sich mit mir zu treffen, aber ich bat ihn, mich erst nach dem Mittagessen vom Hotel abzuholen. Ich wollte allein sein.

Ich setzte mich auf eine Bank, um die Zeitungen des Tages zu lesen, aber die Zeilen verschwammen mir vor den Augen und ich konnte mich nicht konzentrieren, so groß war meine Aufregung darüber, daß ich an diesem klaren Herbstvormittag hier saß. Auf einmal hallte in der Ferne der Zwölf-Uhr-Kanonenschlag, die Tauben stoben verschreckt auseinander, und das Glockenspiel der Kathedrale ließ *Gracias al la vida*** erklingen, eins der ergreifendsten Lieder von Violeta Parra. Das war mehr, als ich ertragen konnte. Ich dachte an Violeta, an ihren Hunger und an die Nächte, die sie ohne Dach über dem Kopf in Paris verbracht hatte, ich dachte an ihre unerschütterliche Würde und daß es immer ein System gegeben hatte, das sich über ihre Auflehnung mokiert hatte. Ein ehrenvoller Präsident hatte mit der Waffe in der Hand sterben müssen, Chile hatte das blutigste Martyrium seiner Geschichte erleiden und Violeta Parra selbst hatte von eigener Hand sterben müssen, damit ihr Land die tiefen menschlichen Wahrheiten und die Schönheiten ihres Gesangs entdeckte. Sogar die Carabineros hörten ihr andächtig zu, ohne auch nur zu ahnen, wer sie gewesen war oder was sie gedacht hatte, noch, warum sie sang, statt zu weinen, und sie wußten auch

---

* Das Lied *Ich danke dem Leben* schrieb Violeta Parra kurz vor ihrem Tod (1967). (Anm. d. Übers.)

nicht, wie sehr Violeta sie verabscheut hätte, wenn sie dage-
wesen und das Wunder jenes strahlenden Herbstes miterlebt
hätte.

Ich war beglückt, Stück um Stück die Vergangenheit zurück-
zuerobern, und ging allein in ein Gasthaus in dem höhergelege-
nen Teil der Stadt, in dem Ely und ich immer zu Mittag
gegessen hatten, als wir verlobt waren. Nichts hatte sich
verändert, die Tische draußen im Freien unter den Pappeln
und überall die vielen großen Blumen, aber es erweckte den
Eindruck von etwas, das schon lange aufgehört hatte zu
existieren. Keine Menschenseele. Ich mußte mich bemerkbar
machen und nach der Bedienung rufen, und dann dauerte es
eine Stunde, bis ich ein großes Stück gegrilltes Fleisch vor mir
hatte. Ich hatte es fast bewältigt, als ein Paar hereinkam, das
ich seit den Zeiten, als Ely und ich hier Stammgäste gewesen
waren, nicht mehr gesehen hatte. Er hieß Ernesto, war
allerdings unter dem Namen Neto bekannt, und sie hieß
Elvira. Die beiden betrieben ein paar Straßen weiter einen
düsteren Laden, in dem sie Drucke und Heiligenfiguren,
Rosenkränze, Reliquien und Grabschmuck verkauften. Aber
sie hatten wenig Ähnlichkeit mit ihrem Geschäft, denn sie
waren aufgeschlossen und lästerten gern, und in besseren
Zeiten hatten wir manchen Samstagabend bis spät dort zu-
sammengehockt, Wein getrunken und Karten gespielt. Als
ich sie ganz wie immer Hand in Hand hereinkommen sah,
war ich nicht nur davon überrascht, daß sie nach allem, was
sich in der Welt verändert hatte, diesem Ort die Treue
gehalten hatten, sondern vor allem davon, wie alt sie geworden waren. Ich hatte sie weniger als konventionelles Ehepaar
in Erinnerung, sondern eher als zwei lebhafte und enthusiastische Dauerverlobte, und jetzt kamen sie mir vor wie zwei
dicke und melancholische alte Leute. Es war wie ein Spiegel,
der mir mein eigenes Alter vor Augen hielt. Wenn die beiden
mich erkannt hätten, wären sie ohne Zweifel ebenso maßlos

erstaunt gewesen, aber ich war durch meine Tarnung als reicher Uruguayer geschützt. Sie aßen an einem Tisch in der Nähe und unterhielten sich mit lauter Stimme, aber ohne den früheren Schwung. Von Zeit zu Zeit schauten sie neugierig zu mir herüber, aber sie ahnten nicht, daß wir einmal glücklich am selben Tisch gesessen hatten. Erst in diesem Augenblick wurde mir voll bewußt, wie lang und verheerend die Jahre des Exils gewesen waren. Und nicht nur für uns, die wir gegangen sind, wie ich bisher geglaubt hatte, sondern auch für die anderen: jene, die geblieben waren.

4
Die fünf wichtigsten Punkte
Santiagos

Wir filmten noch fünf weitere Tage in Santiago, lange genug, um die Zweckmäßigkeit unseres Systems zu erproben, während ich telefonisch mit dem französischen Team im Norden und dem holländischen im Süden in Verbindung blieb. Elenas Bemühungen um Kontakte waren sehr erfolgreich, so daß wir nach und nach Interviews mit führenden Persönlichkeiten aus dem Untergrund und Politikern, die in der Legalität arbeiteten, vereinbaren konnten.

Ich hatte mich schließlich damit abgefunden, nicht ich selbst zu sein. Das war ein hartes Opfer für mich, denn es gab so viele Verwandte und Freunde – angefangen bei meinen Eltern, die ich gern wiedergesehen hätte, und so viele Erinnerungen aus meiner Jugend, die ich wiederbeleben wollte. Aber sie befanden sich in einer für mich verbotenen Welt, zumindest für die Dauer der Dreharbeiten, so daß ich meine Gefühle bezwang und mich mit dem seltsamen Status eines im eigenen Land Exilierten abfand, was die bitterste Art des Exils ist.

Auf der Straße ließ man mich nur selten ohne Schutz, aber ich fühlte mich immer allein. Rund um die Uhr und auf Schritt und Tritt beschützten mich die Augen des Widerstandes, ohne daß ich selbst es bemerkte. Nur, wenn ich absolut vertrauenswürdige Personen interviewte, deren Identität ich nicht einmal meinen eigenen Freunden preisgeben wollte, gab ich vorher Bescheid, und die Bewachung wurde abgezogen. Später, als Elena mir nicht mehr dabei behilflich war, die Arbeit in die Wege zu leiten, hatte ich bereits genügend Erfahrungen gesammelt, um allein zurechtzukommen. Es gab keinen Zwischenfall. Der Film wurde gedreht wie vorgesehen, und keinem meiner Mitarbeiter widerfuhr auch nur die geringste Unannehmlichkeit wegen einer Nachlässigkeit oder eines Irrtums meinerseits. Trotzdem erklärte mir einer der Verantwortlichen lächelnd, als wir Chile bereits verlassen hatten:

»Seit die Welt besteht, sind Sicherheitsvorschriften niemals so oft und auf so riskante Weise übertreten worden.«

Hauptsache war in jedem Fall, daß wir in weniger als einer Woche den für Santiago vorgesehenen Drehplan erfüllt hatten. Unser Plan war sehr flexibel und ermöglichte, vor Ort alles mögliche umzustellen, und die Realität bewies uns, daß es die einzig sinnvolle Art des Vorgehens in dieser unberechenbaren Stadt war, die jeden Augenblick eine Überraschung für uns bereit hielt und uns zu unerwarteten Ideen anspornte.

Bis dahin hatten wir dreimal das Hotel gewechselt. Das *Conquistador* war bequem und praktisch, aber es befand sich im Zentrum des Unterdrückungsapparates, und wir hatten Gründe zu der Annahme, daß es eines der am gründlichsten überwachten Hotels war. Das war natürlich in allen übrigen Fünf-Sterne-Hotels nicht anders, wo ein ständiges Kommen und Gehen von Ausländern herrschte, was dem Geheimdienst der Diktatur von vornherein verdächtig erschien. Und wir befürchteten, in den zweitklassigen Hotels, in denen Ankunft und Abreise sehr streng kontrolliert werden, noch viel mehr Aufsehen zu erregen. Am sichersten war es also, alle zwei bis drei Tage das Hotel zu wechseln, ohne weiter auf die Anzahl der Sterne zu achten, niemals jedoch zweimal im selben Hotel abzusteigen, denn ich habe die abergläubische Vorstellung, daß mir etwas Schlimmes zustößt, sobald ich an einen Ort zurückkehre, an dem ich schon einmal ein Risiko eingegangen bin. Diese Überzeugung hatte sich am 11. September 1973 in mir festgesetzt, als die Luftwaffe den Moneda-Palast bombardierte und sich das Chaos der Stadt bemächtigte. Es war mir gelungen, ohne Behinderung aus den Büroräumen der *Chile Films* zu entkommen, wohin ich geeilt war, um mit meinen langjährigen *compañeros* gegen den Putsch Widerstand zu leisten. Aber nachdem ich eine Gruppe von Freunden, die aus gutem Grund um ihr Leben fürchteten, im Auto zum Parque Forestal gebracht hatte, beging ich den schwerwiegenden Irrtum zurückzukehren. Wie ich bereits erzählt habe, konnte ich mich nur wie durch ein Wunder retten.

Als weitere Sicherheitsmaßnahmen, außer dem häufigen Wechsel des Hotels, hatten Elena und ich nach dem dritten Umzug beschlossen, getrennte Zimmer zu nehmen und uns jedesmal als andere Personen auszugeben. Manchmal schrieb ich mich als Geschäftsführer und sie als Sekretärin ein, und manchmal taten wir so, als würden wir uns nicht kennen. Zudem entsprach diese allmähliche Trennung vollkommen dem Zustand unserer Beziehungen, die, was die Arbeit anging, sehr fruchtbar waren, aber auf der persönlichen Ebene immer schwieriger wurden.

Ich muß sagen, daß uns von den vielen Hotels, in denen wir wohnten, nur zwei Anlaß zur Beunruhigung gaben. Das erste war das *Sheraton*. Noch am selben Abend, an dem wir dort angekommen waren, klingelte auf dem kleinen Nachttisch das Telefon, nachdem ich gerade eingeschlafen war. Elena war bei einer geheimen Versammlung, die sich länger hinzog als vorhergesehen, und sie mußte die Nacht in dem Haus verbringen, wo sie, wie schon öfter vorgekommen, von der Ausgangssperre überrascht worden war. Schlaftrunken antwortete ich, ohne zu wissen, wo ich mich befand und, was noch schlimmer war, ohne mich zu erinnern, wer ich in jenem Moment war. Die Stimme einer Chilenin fragte nach mir, aber unter dem falschen Namen. Ich wollte gerade antworten, daß ich diesen Herrn nicht kennen würde, als mich ein eisiger Schreck durchfuhr und ich hellwach wurde: Wer konnte mich unter diesem Namen, um diese Zeit und an diesem Ort suchen?

Es war die Telefonistin des Hotels, die ein Ferngespräch für mich hatte. Innerhalb einer Sekunde war mir klar, daß außer Elena und Franquie niemand wußte, wo wir wohnten, und es war nicht sehr wahrscheinlich, daß einer der beiden mich in dieser Form, zu dieser frühen Stunde anrief und dann auch noch den Trick mit dem Ferngespräch benutzte, wenn es sich nicht um eine Angelegenheit von Leben oder Tod handelte. Also entschloß ich mich, das Gespräch anzunehmen. Eine englisch sprechende Frau überschüttete mich mit einem endlosen Geplauder in vertraulichem Tonfall, sie nannte mich *darling, sweetheart, honey*, und als es mir endlich gelang, sie zu unterbrechen und ihr klarzumachen, daß ich kein Englisch spreche, hängte sie mit einem zuckersüßen Seufzer ein: *shit*. Alle Nachforschungen, die ich mit der Telefonistin des Hotels anstellte, führten zu nichts, es ließ sich nur feststellen, daß es noch zwei Hotelgäste gab, deren Namen dem in meinem falschen Paß ähnlich waren. Ich konnte keine Minute mehr schlafen, und sobald Elena morgens um sieben zurückgekehrt war, zogen wir in ein anderes Hotel.

Der zweite Schrecken ereignete sich in dem uralten Hotel *Carrera*, aus dessen vorderen Zimmern man den gesamten Moneda-Palast im Blick hatte – und diesmal kam der Schrecken nachträglich. Einige Tage, nachdem wir dort übernachtet hatten, bezog ein sehr junges Pärchen, das sich als Hochzeitsreisende ausgab, das Zimmer neben dem, das wir bewohnt hatten, und baute dort auf einem Fotostativ eine Bazooka mit Zeitzünder auf, die auf Pinochets Diensträume gerichtet war. Der Plan und der Mechanismus des Geräts waren perfekt, und Pinochet befand sich auch zur vorgesehenen Stunde in seinem Büro, aber das Stativ brach unter der Wucht des Schusses zusammen, und das ziellose Projektil explodierte im Zimmer.

Am Freitag unserer zweiten Woche beschlossen Franquie und ich, am nächsten Tag mit dem Auto ins Landesinnere zu fahren und zwar zuerst nach Concepción. Zu diesem Zeitpunkt fehlten uns in Santiago nur noch die Interviews mit den Politikern der legalen und illegalen Opposition sowie die Dreharbeiten in den Innenräumen des Moneda-Palastes. Die Interviews erforderten komplizierte Vorbereitungen, um die sich Elena mit bewunderungswürdigem Eifer kümmerte. Die Erlaubnis für die Dreharbeiten in den Räumen der Moneda war uns bereits mündlich zugesichert worden, aber die offizielle schriftliche Bestätigung sollte uns erst in der darauffolgenden Woche zugehen. Auf diese Weise blieb Franquie und mir genügend Zeit, die Arbeit im Landesinnern abzuschließen. Zu diesem Zweck wiesen wir das französische Team telefonisch an, nach Santiago zurückzukommen, sobald sie ihre Dreharbeiten im Norden beendet hätten, und das holländische Team baten wir, sein Programm im Süden bis Puerto Montt fortzusetzen und dort auf neue Anweisungen zu warten. Ich wollte wie gewohnt mit dem italienischen Team weiterarbeiten.

Wie vorgesehen, nutzten wir diesen Freitag, um meine Spaziergänge durch die Straßen zu filmen, damit die Nachrichtendienste der Diktatur hinterher nicht abstreiten konnten, daß ich tatsächlich persönlich bei diesem in Chile gedrehten Film Regie geführt hatte. Dazu hatten wir fünf charakteristische Punkte in Santiago ausgesucht: die Außenansicht der Moneda, den Parque Forestal, die Brücke über den Fluß Mapocho, den Hügel von Sán Cristóbal und die San-Francisco-Kirche. Um keine Minute zu verlieren, hatte es Grazia bereits während der vorangegangenen Tage übernommen, geeignete Standorte für die Kamera zu suchen, denn es war abgemacht, daß wir uns für jeden Ort nur zwei Stunden Zeit nehmen würden, also zehn Stunden insgesamt. Ich sollte jeweils etwa fünfzehn Minuten nach dem Team eintreffen, mich, ohne mit irgend jemandem aus dem Team zu sprechen, dort unter die Leute mischen und einige vorher mit Grazia vereinbarte Drehanweisungen geben.

Der Moneda-Palast nimmt ein ganzes Häuserkarree ein, wobei eine der beiden Frontseiten auf die Plaza Bulnes an der Alameda geht – in diesem Teil des Palastes befindet sich das Außenministerium – und die andere auf die Plaza de la Constitución – in diesem Gebäude residiert der Präsident der Republik. Nachdem die Bombenangriffe am 11. September 1973 das Gebäude zerstört hatten, überließ man die Trümmer der Präsidentenräume dem Verfall.

Die Regierung richtete sich in den ehemaligen Büroräumen der Komission der Vereinten Nationen für Handel und Entwicklung (UNCTAD) ein, in einem zwanzigstöckigen Gebäude, das die auf Legitimität bedachte Militärregierung auf den Namen des großen Liberalen Diego Portales taufte. Dort blieb sie bis vor etwa zehn Jahren, als die langwierigen Wiederaufbauarbeiten des Moneda-Palastes abgeschlossen waren, den man zusätzlich noch als unterirdische Festung ausgebaut hatte, mit gepanzerten Kellerräumen, Geheimgängen, Fluchtwegen und Notausgängen zu einem offiziellen Parkhaus unter der Avenida, das schon seit langem existierte. Doch in Santiago erzählte man sich, daß die formalistischen Bemühungen Pinochets gelähmt waren, als sich herausstellte, daß er sich nie die Schärpe von O'Higgins* würde umlegen können, die in Chile das Symbol der legitimen Staatsgewalt ist, aber bei der Bombardierung des Palastes vernichtet worden war. Ein Höfling der Militärmacht hatte irgendwann einmal das Märchen verbreiten wollen, die Schärpe sei von

---

* Bernardo O'Higgins (1776 - 1842), General der chilenischen Unabhängigkeitsarmee, gilt als politischer und militärischer Befreier Chiles. (Anm. d. Übers.)

den ersten Offizieren, die die Moneda stürmten, aus den Flammen gerettet worden, aber dies war denn doch eine zu naive Angeberei, um geglaubt zu werden.

Kurz vor neun Uhr morgens hatte das italienische Team den Moneda-Palast von der Alameda aus gefilmt, vor dem Denkmal von Bernardo O'Higgins, dem *Vater der Nation*, in dem heute eine ewige Flamme lodert, die mit Propangas gespeist wird: »Die Flamme der Freiheit«. Dann zog das Team zur anderen Straßenfront des Palastes, wo man die Elite-Carabineros von der Palastwache mit ihren schmucken Uniformen und ihren stolzen Gesichtern besser sieht, die hier zweimal am Tag zwar mit weniger Touristen, aber mit demselben größenwahnsinnigen Gehabe wie die Garde vor dem Buckingham-Palast die Zeremonie der Wachablösung durchführen. Auf dieser Seite ist auch die Überwachung strenger. Kaum hatten die Carabineros gesehen, daß das italienische Team Anstalten machte zu drehen, verlangten sie die schriftliche Genehmigung, nach der man das Team schon auf der anderen Seite des Palastes gefragt hatte. Es war einfach unvermeidlich: Sobald eine Kamera auftauchte, egal an welcher Stelle der Stadt, war auch schon ein Carabinero zur Stelle, um nach der schriftlichen Drehgenehmigung zu fragen.

In diesem Augenblick traf ich ein. Ugo, der Kameramann, ein sympathischer und resoluter junger Mann, der sich bei dem ständigen Abenteuer des Filmens königlich amüsierte, hatte sich das Papier so zurechtgelegt, daß er es mit einer Hand hervorholen und mit der anderen den Carabinero filmen konnte, ohne daß dieser etwas davon bemerkte. Franquie hatte mich vier Straßen vorher abgesetzt und wollte mich eine Viertelstunde später vier Straßen weiter wieder abholen. Es war ein kalter und nebliger Morgen, typisch für unseren Frühherbst, und trotz meines Wintermantels zitterte ich vor Kälte. Inmitten der eiligen Menge war ich schnell gelaufen, um mich aufzuwärmen, und ich ging noch zwei Straßen weiter, um dem Team Zeit zu geben, sich auszuweisen. Als ich zurückkam, konnte ohne Zwischenfälle gefilmt werden, wie ich an der Moneda entlangging. Nach fünf Minuten packte das Team seine Siebensachen zusammen und fuhr zum nächsten Ziel. Ich stieg in der Calle Ríquelme gegenüber der U-Bahnstation Los Héroes zu Franquie ins Auto, und wir verschwanden sang- und klanglos.

Für den Parque Forestal benötigten wir weniger Zeit als vorgesehen, denn als ich ihn jetzt wiedersah, wurde mir klar, daß ich mich vor allem aus subjektiven Gründen für ihn interessierte. Es ist in der Tat ein sehr reizvoller Fleck und charakteristisch für Santiago, vor allem, wenn der Wind Stöße von gelben Blättern durch die Luft wirbelt, wie er es an jenem ruhigen Freitag tat. Aber eigentlich hatte mich die Suche nach meinen Erinnerungen hierhergeführt. Hier befand sich die Fakultät der Schönen Künste, auf deren Freitreppe ich mein erstes Theaterstück aufgeführt hatte, kurz nachdem ich aus meinem Dorf hier eingetroffen war. Später dann, bereits als zukünftiger Filmregisseur, kam ich fast täglich auf meinem Heimweg durch den Park, und das Leuchten des Laubs im Abendlicht blieb für mich immer mit der Erinnerung an meine ersten Filme verknüpft. Mehr gab es dazu nicht zu sagen. Wir begnügten uns damit, mich bei einem sehr kurzen Spaziergang zwischen den Bäumen zu filmen, die wie ein Regenguß rauschend die Bätter abwarfen, und dann ging ich ins Geschäftsviertel, wo Franquie mich erwartete.

Das Wetter war immer noch klar und kalt, und zum ersten Mal seit meiner Ankunft war die Andenkordillere deutlich zu erkennen. Santiago liegt nämlich in einer von Bergen umgebenen Mulde, und man sieht alles durch den Nebel der Luftverschmutzung. Wie üblich morgens um elf war die Calle del Estado sehr belebt, und einige Leute gingen auch schon in die erste Kinovorstellung. Im Rex wurde *Amadeus* von Milos Forman gespielt, und ich mußte mich sehr zusammenreißen, nicht hineinzugehen.

Und an einer Straßenecke: meine
Schwiegermutter

An den vorangegangenen Tagen hatte ich, während ich drehte, viele Bekannte vorbeigehen sehen: Journalisten, Leute aus der Politik, Leute aus der Kultur. Sie haben mich nicht einmal angesehen, wenn ich mich recht erinnere, und das stärkte mich in meiner Sicherheit. Aber an jenem Freitag geschah etwas, was früher oder später eben geschehen mußte. Vor mir sah ich eine elegante Frau in einem cremefarbenen Leinenkostüm, die auf mich zukam – ohne Mantel, fast, als wäre es Sommer. Ich erkannte sie erst, als sie weniger als drei Meter von mir entfernt war. Es war Leo, meine Schwiegermutter. Wir hatten uns erst vor sechs Monaten in Spanien gesehen, und außerdem kannte sie mich so gut, daß es nicht möglich war, mich aus dieser kurzen Entfernung nicht zu erkennen. Ich wollte mich umdrehen, aber dann fiel mir ein, daß man mir eingeschärft hatte, diesem natürlichen Impuls nicht nachzugeben, denn viele Illegale, die man nicht an den Gesichtern hatte identifizieren können, waren an ihren Rücken erkannt worden. Ich hatte genügend Vertrauen zu meiner Schwiegermutter und brauchte nicht zu befürchten, daß sie mich bloßstellte, aber sie war nicht allein. Sie hatte eine ihrer Schwestern untergehakt, Tante Mina, mit der sie sich mit leiser Stimme, fast tuschelnd, unterhielt. Auch das hätte mich unter anderen Umständen nicht beunruhigt, aber ich befürchtete, die beiden allzusehr zu überraschen. Es hätte mich nicht gewundert, wenn die beiden aufgeregt auf offener Straße gerufen hätten: »Miguel, Sohn, Lieber, du bist wieder da, wie wunderbar!« Oder etwas ähnliches. Außerdem war es gefährlich für sie, wenn sie das Geheimnis meines illegalen Aufenthaltes in Chile kannten.

Da mir nichts anderes übrigblieb, ging ich weiter auf sie zu, und ich sah meine Schwiegermutter so eindringlich an, wie ich nur konnte, um sie für den Fall, daß sie mich erkennen sollte, sofort beschwichtigen zu können. Aber sie hob im Vorbeigehen nur kurz den Blick, begegnete meinen starren und schreckerfüllten Augen, ohne ihr Gespräch mit Tante Mina zu unterbrechen; sie blickte mich an, ohne mich zu sehen, und wir gingen so nah aneinander vorbei, daß ich ihr Parfüm roch und ihre schönen sanften Augen sah und sehr deutlich verstand, was sie sagte: »Wenn sie erwachsen sind, machen die Kinder noch größere Probleme.« Und sie setzte ihren Weg fort.

Vor einiger Zeit erzählte ich ihr am Telefon von Madrid aus von diesem Treffen, und sie war verblüfft: Sie hatte nichts davon mitbekommen. Für mich war es ein aufwühlender Zufall. Ganz unter diesem Eindruck suchte ich verwirrt nach einem Ort, an dem ich nachdenken konnte, und ging in ein kleines Kino, wo *Die Insel des Glücks* lief, ein italienischer Film, den eigentlich nichts von einem Pornofilm unterschied. Ich blieb etwa zehn Minuten, sah schlanke Männer und sehr schöne und fröhliche Frauen, die an einem strahlenden Tag in irgendeinem Winkel des Paradieses ins Meer sprangen. Aber die Dunkelheit erlaubte mir, mich wieder zu beruhigen; erst da wurde mir klar, wie routinemäßig und friedlich die Tage bisher verlaufen waren. Um Viertel nach elf holte mich Franquie an der Ecke von Estado und Alameda ab und brachte mich zum nächsten Drehort: den Brücken über den Mapocho.

Der Mapocho fließt in einem befestigten Kanal durch die Stadt; die sehr schönen Brücken über den Fluß haben dank ihrer großartigen Eisenkonstruktionen die Erdbeben unbeschädigt überstanden. In Trockenzeiten – so wie jetzt – hatte er nur noch wenig Wasser, das als schlammiges Rinnsal in der Mitte des Flußbettes zwischen elenden Hütten stillzustehen schien. In Regenzeiten dagegen ließ das aus den Anden strömende Hochwasser den Fluß anschwellen und über die Ufer treten, und die Hütten trieben wie steuerlose Schiffchen auf einem Meer von Schlamm. In den ersten Monaten nach dem Militärputsch wurde der Mapocho in der ganzen Welt bekannt, denn regelmäßig, wenn die Militärpatrouillen nachts über die Elendsviertel, die berühmten *poblaciones** von Santiago hergefallen waren, schwammen auf seiner Oberfläche zahllose mißhandelte Leichen. Aber seit einigen Jahren, und zwar das ganze Jahr über, spielt sich ein anderes Drama am Mapocho ab – hungrige Menschenmengen streiten sich mit Hunden und Geiern um die Essensabfälle, die an den Volksmärkten in den Fluß geworfen werden. Das ist die Kehrseite des chilenischen Wunders, das die Militärjunta unter der himmlischen Eingebung der Chicagoer Schule vollbracht hat.

Bis zur Zeit der Regierung Allende war Chile ein bescheidenes Land, in dem sich sogar die konservative Bourgeoisie der Sparsamkeit als einer nationalen Tugend rühmte. Um einen glanzvollen Eindruck plötzlichen Wohlstands zu vermitteln, reprivatisierte die Militärjunta alles, was Allende nationalisiert hatte, und verkaufte das Land an das Privatkapital und die multinationalen Gesellschaften. Das Resultat war eine Überschwemmung des Marktes mit blendenden und überflüssigen Luxusartikeln sowie sehr imposante öffentliche Bauten, die die Illusion spektakulären Wohlstands verbreiten sollten.

Innerhalb von nur fünf Jahren wurden mehr Produkte importiert als in den zweihundert Jahren zuvor, und das mit Dollarkrediten, für die die Nationalbank mit dem Geld für die Reprivatisierung bürgte. Die Komplizenschaft der Vereinigten Staaten und der internationalen Kreditinstitute tat ein übriges. Aber am Zahltag zeigte die Realität ihre Zähne: Die Fata Morgana von sechs oder sieben Jahren fiel innerhalb

---

* In Chile werden die in ganz Lateinamerika verbreiteten Elendsviertel *poblaciones* genannt. (Anm. d. Übers.)

eines Jahres in sich zusammen. Die Auslandsverschuldung Chiles, die sich im letzten Regierungsjahr Allendes auf viertausend Millionen Dollar belief, ist heute auf dreiundvierzigtausend Millionen Dollar gestiegen. Ein Gang über die Volksmärkte am Mapocho zeigt, was der gesellschaftliche Preis für die neunzehntausend Millionen Dollar Verschwendung gewesen ist. Denn das Militärwunder hat sehr wenig Reiche noch reicher und den Rest der Chilenen sehr viel ärmer gemacht.

Die Brücke, die alles gesehen hat

Inmitten dieses Jahrmarktes von Leben und Tod ist die Brücke Recoleta über den Fluß Mapocho eine unparteiische Geliebte. Sie ist für die Märkte ebenso notwendig wie für den Friedhof. Tagsüber müssen sich die Beerdigungen einen Weg durch die Menge bahnen. Nachts, wenn es keine Ausgangssperre gibt, führt über sie der einzige Weg zu den Tangoclubs, den nostalgischen Schlupfwinkeln einer bitteren Vorstadt, wo die Totengräber Meister des Tanzes sind. Aber was mir an jenem Freitag am meisten auffiel, nachdem ich diese heiligen Orte so viele Jahre nicht gesehen hatte, das war die große Anzahl von verliebten Jugendlichen; sie spazierten Arm in Arm über die Blumenterrassen am Fluß, küßten sich zwischen den Ständen mit den leuchtenden Blumen, die für die Toten in den nahen Gräbern bestimmt waren, und gaben sich in Ruhe ihrer Liebe hin, ohne sich um die Zeit zu kümmern, die unermüdlich und erbarmungslos unter den Brücken dahinfloß. Nur in Paris hatte ich vor vielen Jahren soviel Liebe auf den Straßen gesehen. Im Gegensatz dazu hatte ich Santiago immer als eine Stadt in Erinnerung gehabt, in der Gefühle wenig sichtbar waren, und jetzt stand ich hier vor einem ermutigenden Schauspiel, das in Paris nach und nach zu Ende ging und das, so hatte ich geglaubt, ganz von der Erde verschwunden war. Da fiel mir ein, was mir in diesen Tagen jemand in Madrid gesagt hatte: »Die Liebe blüht in den Zeiten der Pest.«

Schon einige Zeit vor der *Unidad Popular* waren die Chilenen im schwarzen Anzug und mit Regenschirm, die nach Moden und Neuigkeiten aus Europa gierenden Frauen und die in ihren Wägelchen herausgeputzten Babies vom frischen Wind der Beatles hinweggefegt worden. Die Mode hatte immer mehr die Tendenz, die Unterschiede zwischen den Geschlechtern zu verwischen: unisex. Die Frauen schnitten sich die Haare raspelkurz und machten den Männern die knappen Hüfthosen mit dem weiten Schlag strittig, und die Männer ließen sich die Haare wachsen. Aber all dies wurde wiederum von dem heuchlerischen Fanatismus der Diktatur hinweggefegt. Eine ganze Generation schnitt sich die Haare, damit die Militärpatrouillen sie ihnen nicht mit dem Bajonett schnitten, wie sie es in den ersten Tagen nach dem Putsch oft getan hatten.

Bis zu jenem Freitag auf den Brücken über dem Mapocho hatte ich nicht bemerkt, daß sich die Jugend wieder gewandelt hatte. Die Stadt war von der Generation nach mir in Besitz genommen worden. Die Kinder, die etwa zehn Jahre alt gewesen waren, als ich das Land verließ, und die kaum das Ausmaß der Katastrophe hatten einschätzen können, waren jetzt etwa zweiundzwanzig Jahre alt. Später sollten wir noch mehr Anzeichen finden, wie sich diese Generation, die sich am hellichten Tag liebte, vor den unablässigen Manövern der politischen Verführung zu schützen weiß. Sie sind es, die inmitten der greisenhaften Erbitterung der Diktatur ihren Geschmack, ihre Lebensart, ihre eigenen Vorstellungen von der Liebe, der Kunst und der Politik durchsetzen. Sie sind nicht durch Repressionen aufzuhalten. Die Musik, die man überall in voller Lautstärke hört – sogar in den gepanzerten

Mannschaftswagen der Carabineros, die sie hören, ohne zu wissen, was sie da hören –, das sind die Lieder der Kubaner Silvio Rodríguez und Pablo Milanés. Die Kinder, die in den Regierungsjahren Salvador Allendes zur Schule gingen, sind heute *comandantes* der Widerstandsorganisationen. Das war für mich eine aufschlußreiche und zugleich beunruhigende Feststellung, und zum ersten Mal fragte ich mich, ob meine Ausbeute an Erinnerungen überhaupt zu irgend etwas nütze sei.

Die Skepsis gab mir neuen Schwung. Lediglich um das Tagesprogramm zu absolvieren, machte ich einen schnellen Spaziergang über den Hügel San Cristobal und ging dann zur San Francisco-Kirche, deren Gemäuer von der untergehenden Sonne vergoldet wurde. Später bat ich Franquie, meine Reisetasche aus dem Hotel zu holen und mich drei Stunden später am Ausgang vom *Rex* abzuholen, in dem ich mir *Amadeus* ansah. Außerdem bat ich ihn, Elena zu sagen, daß wir für drei Tage verschwinden würden. Mehr nicht. Das war gegen die vereinbarten Regeln, da Elena jederzeit über meinen Aufenthalt auf dem laufenden sein mußte, aber ich konnte nichts daran ändern. Ohne irgend jemandem etwas davon zu sagen, würden Franquie und ich nach Concepción fahren und dort solange wie nötig bleiben. Unser Zug ging um elf Uhr abends.

5
Eine lebende Fackel
vor der Kathedrale

Es war eine plötzliche Eingebung, obwohl sie zweifellos eine einleuchtende Begründung hatte. Das sicherste Transportmittel für Reisen innerhalb Chiles schien mir der Zug zu sein, denn auf diese Weise ging man der Kontrolle auf Flughäfen und Autobahnen aus dem Weg. Und vor allem nutzte man mit dem Zug die Nacht, was in den Städten wegen der Ausgangssperre nicht möglich war. Franquie war nicht sehr überzeugt davon, denn er wußte, daß die Züge das am strengsten überwachte Transportmittel waren. Aber ich machte geltend, eben aus diesem Grund seien sie am sichersten. Kein Polizist käme auf die Idee, daß ein Illegaler in einen bewachten Zug einsteigen würde. Im Gegensatz dazu glaubte Franquie, daß die Polizei wisse, daß die Leute aus dem Untergrund mit dem Zug reisen, weil sie annehmen, die am strengsten überwachten Plätze seien die sichersten. Außerdem war er der Meinung, daß ein reicher und erfahrener Werbefachmann mit wichtigen Geschäften in Europa vielleicht bereit ist, mit den luxuriösen europäischen Zügen zu fahren, auf keinen Fall aber mit den armseligen Zügen der chilenischen Provinz. Immerhin überzeugte ihn mein Argument, daß es nicht sehr ratsam sei, nach Concepción zu fliegen, wenn man eine Verabredung oder einen Arbeitsplan einzuhalten hat, weil man nie weiß, ob das Flugzeug wegen des ständigen Nebels dort landen kann. Unter uns gesagt: Der wahre Grund ist, daß ich wegen meiner unheilbaren Flugangst in jedem Fall den Zug vorgezogen hätte.
Da waren wir also um elf Uhr abends im Hauptbahnhof, dessen Eisenkonstruktion von derselben unbegreiflichen Schönheit ist wie der Eiffelturm, und wir richteten uns in

einem bequemen, sauberen Abteil im Schlafwagen ein. Ich starb fast vor Hunger, denn seit dem Frühstück hatte ich nur die beiden Riegel Schokolade gegessen, die man mir im Kino verkauft hatte, während der junge Mozart mit akrobatischen Sprüngen vor dem Kaiser von Österreich herumhüpfte. Der Schaffner teilte uns mit, daß wir im Speisewaagen etwas essen könnten und daß es zwischen diesem und unserem Waggon keine ordnungsgemäße Verbindung gebe, doch er wies uns gleichzeitig auf eine Lösung hin: Wir sollten vor Abfahrt des Zuges in den Speisewagen gehen und dort ordentlich essen und eine Stunde später, wenn der Zug in Rancagua hielt, in unsere Schlafwagenabteile zurückkehren. Das taten wir auch, in aller Eile, denn es hatte bereits zur Ausgangssperre geläutet, und die Schaffner trieben uns schreiend an: »Beeilen Sie sich, *Caballeros,* schnell, beeilen Sie sich, das ist gegen das Gesetz!« Aber den schläfrigen und vor Kälte zitternden Wachsoldaten am Bahnhof Rancagua war diese geduldete und unvermeidliche Übertretung des Kriegsrechts völlig egal.

Der Bahnhof war leer und eisig, ohne eine Menschenseele, und in einen gespenstischen Nebel gehüllt. Genau wie die Bahnhöfe in den Filmen über die Deportationen in Nazideutschland. Während uns der Schaffner noch zur Eile drängte, überholte uns in wildem Tempo ein Kellner aus dem Speisewagen, in klassischer weißer Weste, der auf der ausgestreckten Hand einen Teller mit Reis und einem Spiegelei obendrauf balancierte. Er rannte mit unvorstellbarer Geschwindigkeit etwa fünfzig Meter weit, ohne daß der Teller sein magisches Gleichgewicht verloren hätte, reichte ihn dann durch das Fenster des letzten Waggons jemandem, der ihn zweifellos dafür bezahlt hatte, und bevor wir unser Abteil erreicht hatten, war er bereits wieder im Speisewagen zurück. Wir legten die fünfhundert Kilometer bis Concepción in tiefstem Schweigen zurück, als gelte die Ausgangssperre nicht nur für die Passagiere jenes nachtwandlerischen Zuges, sondern für jedes Lebewesen der Natur. Von Zeit zu Zeit lehnte ich mich aus dem Fenster, aber das einzige, was ich in dem Nebel erkennen konnte, waren leere Bahnhöfe, leere Felder, die weite, leere Nacht in einem unbewohnten Land. Der einzige Beweis für die Existenz des Menschen auf Erden waren die endlosen Stacheldrahtzäune entlang der Schienen, aber hinter den Stacheldrahtzäunen war die Leere, gab es keine Menschen, keine Blumen, keine Tiere: nichts. Ich erinnerte mich an Neruda: »Überall Brot, Reis, Äpfel; in Chile: Stacheldraht, Stacheldraht, Stacheldraht.« Morgens um sieben, als noch immer sehr viel stacheldrahtbewehrtes Land vor uns lag, kamen wir in Concepción an.

Bevor wir die nächste Etappe unseres Vorhabens in Angriff nahmen, suchten wir nach einer Möglichkeit, uns zu rasieren. In meinen Augen war das kein Problem: Ich hätte die Gelegenheit genutzt, mir wieder den Bart wachsen zu lassen. Von Nachteil war allerdings, daß wir aussahen wie Straßenräuber und dadurch die Aufmerksamkeit der Carabineros erregen würden, in einer Stadt wie Concepción, die als Schauplatz großer sozialer Auseinandersetzungen im Bewußtsein aller Chilenen ist. Dort war in den sechziger Jahren die Studentenbewegung entstanden, dort fand Salvador Allende entscheidende Unterstützung für seine Wahl, und dort begann Präsident Gabriel Gonzáles Videla 1946 mit der blutigen Verfolgungswelle, kurz bevor er das Konzentrationslager von Pisagua gegründet hatte, wo sich ein junger Offizier in den Künsten von Terror und Tod übte: Augusto Pinochet.

Unvergängliche Blumen auf der Plaza
Sebastián Acevedo

Vom Taxi, das uns in die Innenstadt brachte, sahen wir durch den dichten, eisigen Nebel das einsame Kreuz auf dem Vorplatz der Kathedrale und den Strohblumenstrauß, den unbekannte Hände dort niedergelegt hatten. Sebastián Acevedo, ein einfacher Bergmann, hatte sich vor zwei Jahren an dieser Stelle verbrannt, nachdem er vergeblich versucht hatte, jemanden zu finden, der sich bei der *Central Nacional de Información (CNI)** dafür eingesetzt hätte, daß sein zweiundzwanzigjähriger Sohn und seine zwanzigjährige Tochter, die beide wegen illegalen Waffenbesitzes inhaftiert worden waren, nicht mehr gefoltert würden.

Sebastián Acevedo hatte keine Bittschrift formuliert, sondern eine Warnung vorgebracht. Da der Erzbischof auf Reisen war, sprach er mit den Beamten des Erzbischofs, er sprach mit den einflußreichsten Journalisten, er sprach mit den Vorsitzenden der politischen Parteien, er sprach mit Managern aus Industrie und Handel, er sprach mit jedem, der ihn anhörte, und sogar mit Regierungsbeamten, und allen sagte er dasselbe: »Wenn Sie nicht irgend etwas unternehmen, damit meine Kinder nicht mehr gefoltert werden, werde ich mich mit Benzin übergießen und auf dem Platz vor der Kathedrale verbrennen.« Einige glaubten ihm nicht. Andere wußten nicht, was sie tun sollten. Am vorgesehenen Tag stand Sebastián Acevedo vor der Kathedrale, goß sich einen Eimer Benzin über den Kopf und warnte die auf der Straße versammelte Menge, daß er sich, sobald jemand einen Fuß über die gelbe Linie setzte, bei lebendigem Leib verbrennen würde. Auf Bitten reagierte er nicht, ebensowenig auf Befehle und

---

* Der CNI ist, wie zuvor die DINA, der Geheimdienst der Militärdiktatur. (Anm. d. Übers.)

Drohungen. Als ein Carabinero versuchte, die Opferung zu verhindern, und die Trennungslinie überschritt, wurde Sebastián Acevedo zu einer lebenden Fackel.

Er lebte noch sieben Stunden, bei vollem Bewußtsein und ohne Schmerzen. Die Öffentlichkeit war so erschüttert, daß sich die Polizei gezwungen sah, seiner Tochter zu erlauben, ihn vor seinem Tod im Krankenhaus zu besuchen. Aber die Ärzte wollten nicht, daß sie ihn in diesem grauenvollen Zustand sah, und sie erlaubten ihr lediglich, über die Wechselsprechanlage mit ihm zu sprechen. »Woher soll ich wissen, daß du wirklich Candelaria bist?« fragte Sebastián Acevedo, als er die Stimme hörte. Also nannte sie ihm den Kosenamen, mit dem er sie gerufen hatte, als sie klein war. Die beiden Geschwister wurden aus den Folterkellern gerettet, so wie es ihr Vater mit seinem Leben gefordert hatte, und Zivilgerichten übergeben. Seitdem haben die Einwohner von Concepción einen heimlichen Namen für die Stelle des Opfers: Plaza Sebastián Acevedo.

Ziemlich schwierig, sich in Concepción rasieren zu lassen!

Um sieben Uhr morgens in dieser historischen Bastion aufzutauchen, zwar in bürgerlicher Verkleidung, aber unrasiert, war ein überflüssiges Risiko. Außerdem wußte schließlich jeder, daß sich im Gepäck eines Werbemanagers von heute neben dem Mini-Diktiergerät, in das er seine spontanen Einfälle spricht, auch der Elektrorasierer befindet, damit er sich im Flugzeug, Zug oder Auto rasieren kann, bevor er zu einem Geschäftstermin erscheint. Insofern war es vielleicht das denkbar größte Risiko, in Concepción an einem Samstagmorgen um sieben Uhr jemanden zu suchen, der einen rasieren würde. Den ersten Versuch machte ich in dem einzigen um diese Zeit geöffneten Frisiersalon in der Nähe der Plaza de

Armas, an dessen Tür ein Schild verkündete: *Unisex*. Ein zwanzigjähriges Mädchen fegte schlaftrunken den Salon, und ein nicht viel älterer junger Mann ordnete die Flakons am Frisiertisch.

»Einmal rasieren, bitte«, sagte ich.

»Nein«, sagte der Mann, »das machen wir hier nicht.«

»Wer denn dann?«

»Gehen Sie da runter«, sagte er. »Da gibt es viele Friseure.« Ich lief einen Block weiter und kam in die Straße, in der Franquie geblieben war, um ein Auto zu mieten, und ich traf ihn, als er gerade zwei Carabineros seinen Ausweis zeigte. Meinen wollten sie auch sehen, aber es gab keine Probleme. Im Gegenteil. Während Franquie das Auto mietete, begleitete mich einer der Carabineros zwei Straßen weiter bis zum nächsten Friseur, der gerade seine Pforten öffnete, und verabschiedete sich mit einem Händedruck.

Auch hier verkündete ein Schild an der Tür: *Unisex*. Wie im ersten Salon gab es auch hier einen Mann von etwa fünfunddreißig Jahren und ein jüngeres Mädchen. Der Mann fragte, was ich wollte, und ich antwortete ihm: »Einmal rasieren.« Beide sahen mich überrascht an.

»Nein, *caballero*, das machen wir hier nicht«, sagte er.

»Das ist hier ein Unisex-Salon«, fügte das Mädchen hinzu.

»Gut«, antwortete ich. »Sie können ja so unisex sein, wie Sie wollen, aber rasieren könnten Sie mich doch vielleicht.«

»Nein, *caballero*«, sagte er. »Hier nicht.«

Beide ließen mich stehen. Also lief ich im beklemmenden Nebel weiter durch die trostlosen Straßen, und ich wunderte mich nicht nur über die Anzahl der Unisex-Frisiersalons in Concepción, sondern auch über die Einmütigkeit ihrer Gepflogenheiten: In keinem wollte man mich rasieren. Ich hatte mich fast im Nebel verirrt, als mich ein kleiner Junge fragte: »Suchen Sie etwas, *caballero*?«

73

»Ja«, antwortete ich ihm, »ich suche einen Friseursalon, der nicht unisex ist, sondern nur für Männer, wie früher.«

Da brachte er mich zu einem traditionellen Friseursalon, über dessen Tür das Innungszeichen hing – ein Glaszylinder mit einer rot-weißen Spirale – und in dem Drehstühle standen wie in meiner Jugendzeit. Zwei alte Männer in schmutzigen Kitteln waren mit einem einzigen Kunden beschäftigt. Der eine schnitt ihm die Haare, während ihm der andere mit einem Pinsel die Haarbüschel entfernte, die ihm ins Gesicht und auf die Schultern fielen. In dem Raum roch es nach Einreibemitteln und Mentholalkohol wie in einer alten Apotheke, und da erst begriff ich, daß ich in den anderen Frisiersalons eben diesen Geruch vermißt hatte. Den Geruch meiner Kindheit.

»Ich möchte mich rasieren lassen«, sagte ich.

Sowohl die beiden Männer im Kittel als auch der Kunde sahen mich verwundert an. Der Alte mit dem Haarpinsel fragte mich, was zweifellos alle drei dachten:

»Woher kommen Sie?«

»Ich bin Chilene«, sagte ich, ohne nachzudenken, und korrigierte mich dann hastig, »oder vielmehr Uruguayer.«

Sie merkten nicht, daß die Berichtigung alles noch viel schlimmer machte; vielmehr klärten sie mich darüber auf, daß man in Chile schon seit Jahren nicht mehr *rasurar* sagte, wenn man »rasieren« meinte, sondern *afeitar*. Vielleicht hatten mich deshalb die jungen Leute in den Unisex-Salons nicht verstanden, weil ich wie ein alter Mann einen veralteten Ausdruck gebraucht hatte. Hier dagegen wurden sie lebendig, weil sie jemanden vor sich hatten, der so sprach wie sie in ihren besten Zeiten. Der Friseur, der frei war, bat mich, auf einem Sessel Platz zu nehmen, legte mir einen Umhang um, steckte ihn wie früher üblich in meinem Kragen fest, und öffnete ein verrostetes Rasiermesser. Er hatte mindestens siebzig schlechte Jahre auf dem Buckel, war hochgewachsen und aufgedunsen; er hatte einen völlig weißen Kopf und einen Dreitagebart.

»Möchten Sie mit heißem oder mit kaltem Wasser rasiert werden?« fragte er mich.

Seine zitternde Hand konnte kaum das Messer halten.

»Mit heißem Wasser natürlich«, antwortete ich.

»Das hat der Teufel geholt, *caballero*« sagte er, »heißes Wasser haben wir hier nicht, bloß schön kaltes.«

Also kehrte ich zu dem ersten Unisex-Frisiersalon zurück, und als ich diesmal sagte, ich wolle rasiert werden – wobei ich den richtigen Ausdruck benutzte –, waren sie sofort bereit, mich zu bedienen, aber unter der Bedingung, daß ich mir auch die Haare schneiden ließe. Ich willigte ein. Sofort änderten der junge Mann und das Mädchen ihr nachlässiges Verhalten und begannen mit einer umfangreichen professionellen Zeremonie. Sie legte mir ein Handtuch über die Schultern und wusch mir mit kaltem Wasser den Kopf – denn auch hier gab es kein heißes Wasser – und fragte mich, ob ich den Modellschnitt Nummer drei, Nummer vier oder Nummer fünf haben wollte und ob sie mich nicht auch gegen Haarausfall behandeln sollte. Ich ließ alles mit mir geschehen, bis sie plötzlich stutzte, als sie mir das Gesicht abtrocknete, und vor sich hinmurmelte: »Wie seltsam.«

Ich schlug alarmiert die Augen auf: »Was denn?« Sie war noch schockierter als ich.

»Ihre Augenbrauen sind gezupft!« sagte sie.

Verärgert über ihre Entdeckung entschloß ich mich, mit dem brutalsten Scherz zu antworten, der mir einfiel, und ich fragte sie mit schmachtendem Blick:

»Hast du vielleicht was gegen Schwule?«

Sie errötete bis unter die Haarwurzeln und schüttelte den Kopf. Dann bediente mich der Friseur weiter, und trotz meiner Aufmerksamkeit und meiner genauen Anweisung schnitt er mir die Haare kürzer als mir lieb war. Er kämmte mich anders und hatte mich schließlich wieder in Miguel Littín verwandelt. Es war logisch, denn die Maskenbildnerin in Paris hatte mich bewußt gegen den natürlichen Fall meiner Haare frisiert, und der Friseur in Concepción tat nichts anderes, als die Dinge wieder an ihren Platz zu bringen. Das beunruhigte mich nicht, denn es war leicht, mich wieder im Stil meines anderen Ichs zu kämmen, was ich auch tat. Allerdings nicht ohne eine beträchtliche Anstrengung, mit der ich meine Sehnsucht unterdrückte, in einer abgelegenen nebligen Stadt, in der mich ohnehin niemand erkennen würde, wieder ich selbst zu sein. Als der Friseur fertig war, führte mich das Mädchen in den rückwärtigen Teil des Ladens und stöpselte mit größter Zurückhaltung, als handle es sich um etwas Verbotenes, vor einem Spiegel den Rasierapparat ein und gab ihn mir, damit ich mich selbst rasieren konnte. Zum Glück war dazu kein Wasser nötig.

Ein Paradies der Liebe in der Hölle

Franquie hatte ein Auto gemietet. Wir tranken in einer Snackbar zum Frühstück eine Tasse kalten Kaffee, denn auch dort gab es kein heißes Wasser, und machten uns dann zu den Bergwerken von Lota und Schwager auf den Weg, über die große Brücke über den Bío-Bío, den mächtigsten Strom Chiles, dessen metallfarbenes träges Wasser durch den Nebel kaum zu sehen war. Im vergangenen Jahrhundert hatte der chilenische Schriftsteller Baldomero Lillo die Bergwerke und das Leben der Bergleute in allen Einzelheiten beschrieben, und sein Bericht ist heute noch aktuell. Es ist so, als befände man sich vor hundert Jahren in Wales, so rußgeschwärzt ist der Nebel, und die Arbeitsbedingungen entsprechen denen vor der industriellen Revolution.

Auf dem Weg dorthin kamen wir durch drei Polizeikontrollen. Wie wir vorhergesehen hatten, war die erste die schwierigste. Deshalb fuhren wir dort fast alle unsere Geschütze auf, als man uns fragte, was wir in Lota und Schwager zu tun hätten. Ich selbst war überrascht, wie flüssig mir die Antwort über die Lippen kam. Ich sagte, wir wollten uns den Park ansehen, der einer der schönsten Amerikas sei, und zwar wegen seiner ebenso riesigen wie alten Araukarien und wegen seiner vielen außergewöhnlichen Statuen, die von unheilbringenden Pfauen und Schwänen mit schwarzen Hälsen umgeben sind. Wir hätten vor, an diesem Ort einen Werbefilm zu drehen, um in der ganzen Welt *Araucaria* bekannt zu machen, ein neues Parfüm, das zu Ehren dieses idyllischen Fleckchens so getauft worden sei.

Kein chilenischer Polizist kann einer so langen Erklärung widerstehen, und noch weniger, wenn sie mit einer maßlosen Lobeshymne auf die Schönheit des Landes einhergeht. Man hieß uns willkommen, und offensichtlich hatten sie dem zweiten Posten unsere Ankunft mitgeteilt, denn dort brauchten wir uns nicht auszuweisen. Statt dessen untersuchten die Polizisten unser Gepäck und den Wagen. Das einzige, was sie interessierte, war die Super-Acht-Kamera – obwohl kein professionelles Modell –, denn man benötigte eine schriftliche Erlaubnis, um im Bergwerk zu filmen. Wir erläuterten ihnen, daß wir nur bis zum Park mit den Statuen und Schwänen oben in den Bergen wollten, und ich versuchte, das Gespräch unwirsch und von oben herab abzuschneiden.

»Die Armen interessieren uns nicht«, sagte ich zu ihnen.

Einer der beiden Carabineros betrachtete gleichgültig jeden Gegenstand, der ihm in die Hand fiel, und antwortete, ohne mich anzusehen:

»Hier sind wir alle arm.«

Sie waren mit der Untersuchung zufrieden. Eine halbe Stunde später passierten wir am Ende einer schmalen abschüssigen Straße ohne weitere Formalitäten die dritte Kontrolle und befanden uns im Park. Ein unglaublicher Ort, den der berühmte Weinproduzent Don Matías Cousiño für die Frau, die er liebte, hatte anlegen lassen. Um sie zu erfreuen, ließ er aus allen Winkeln Chiles märchenhafte Bäume herbeischaffen, außerdem mythologische Tiere, Statuen unwahrscheinlicher Göttinnen, die die verschiedenen Gemütsverfassungen darstellten: die Freude, die Trauer, die Sehnsucht, die Liebe. Weit hinten im Park steht ein Märchenpalast, von dessen Terrassen aus man den Pazifischen Ozean bis zum anderen Ende der Welt sieht.

Dort verbrachten wir den ganzen Vormittag damit, mit der Super-Acht die Stellen zu filmen, die das Kamerateam später mit offizieller Genehmigung drehen sollte. Schon bei den ersten Einstellungen näherte sich uns ein Wächter, um uns mitzuteilen, daß selbst einfaches Fotografieren hier verboten sei. Wir wiederholten das Märchen von dem Werbefilm für die ganze Welt, aber er hielt sich an seine Vorschriften. Immerhin bot er sich an, uns nach unten zu begleiten, dorthin, wo das Bergwerk war, damit wir bei seinem Vorgesetzten die Erlaubnis einholen könnten.

»Wir filmen jetzt nichts mehr«, sagte ich ihm. »Aber wenn Sie wollen, können Sie uns ja zur Sicherheit begleiten.«

Er war einverstanden, und wir liefen mit ihm durch den Park. Er war jung und hatte ein sehr trauriges Gesicht. Franquie bestritt den größten Teil der Unterhaltung, denn ich hielt es wegen meines schlechten uruguayschen Akzents für besser, nur das Nötigste zu sagen. Irgendwann wollte der Wächter rauchen, und wir gaben ihm unsere ganzen Zigaretten. Dann ließ er uns allein, und wir filmten so lange weiter, wie wir es für nötig hielten. Nicht nur oben, im Park, sondern auch unten, im Umkreis des Bergwerks. Wir markierten die Punkte, die mich interessierten: die Bildausschnitte, die Objektive, die Entfernungen, den gesamten Bereich des großen Parks, und dann das Elend unten, wo Bergarbeiter und Fischer miteinander leben. Es ist eine manichäische, unwahrscheinliche Realität, aber es ist eben Realität.

Die Kneipe, in der die Möwen übernachten

Mittag war schon vorüber, als wir hinuntergingen. Man sah die Fischerboote ausfahren, die sich Tag für Tag über ein angsterregendes und gefährliches Meer mit riesigen schwarzen Wellen zur nahen Insel Santa Maria hinauswagen, um ganze Familien mit ihren abgenutzten Habseligkeiten und allerlei Utensilien und Tieren, die geschlachtet werden sollten, zu befördern. Die Kohleadern befinden sich in tiefen Stollen, die unter den Meeresboden führen, wo Tausende von Bergleuten den ganzen Tag unter elenden Bedingungen arbeiten. Draußen vor den Stolleneingängen scharren Hunderte von Männern und Frauen mit ihren Kindern wie Maulwürfe in der Erde und fördern mit Fingernägeln Erzablagerungen zutage. Oben, im Park, ist die Luft durch den Sauerstoff der Bäume rein und klar. Unten atmet man im Nebel den Kohlenstaub ein, der in den Atemwegen schmerzt und sich in den Bronchien ablagert. Von oben gesehen ist das Meer von einer unvorstellbaren Schönheit. Unten ist es trüb und brausend. Dieser Ort war eine politische und emotionale Bastion Salvador Allendes gewesen. 1958 entstand hier eine Bewegung, die später als »Marsch der Kohle« bekannt wurde; die Bergleute hatten in einer dichten, dunklen und schweigsamen Menge den Bío-Bío überschritten, mit ihren Fahnen und Transparenten die Stadt Concepción eingenommen und mit ihrer Kampfentschlossenheit die Regierung in Schach gehalten. Das Ereignis wurde in dem Dokumentarfilm *Banderas del Pueblo** von dem Chilenen Sergio Bravo festgehalten, und es ist eines der bewegendsten Beispiele des chilenischen Dokumentarfilms. Allende war dort, und ich glaube, daß er damals die dauerhafte Unterstützung des ganzen Volkes gewonnen hatte. Später, als er Präsident war, führte ihn eine seiner

* *Fahnen des Volkes.* (Anm. d. Übers.)

ersten Reisen nach Lota, um auf der Plaza mit den Bergleuten zu sprechen.

Ich gehörte zu seiner Begleitung. Ich war überrascht, daß ein Mann wie er, der sich mit seinen sechzig Jahren immer seiner jugendlichen Vitalität gerühmt hatte, an jenem Tag etwas sagte, das aus seinem Innersten zu kommen schien: »Ich habe meine besten Jahre hinter mir, ich bin fast ein Greis.« Die kleinwüchsigen und verbrauchten Bergleute, die verschlossen waren und von jahrelang wiederholten leeren Versprechungen kuriert, sprachen ohne Vorbehalt mit ihm und wurden zu einer für den Sieg entscheidenden Bastion. Eine der ersten Maßnahmen der Regierung Allendes war die Nationalisierung der Bergwerke – wie er es den Bergleuten an jenem Nachmittag in Lota und Schwager versprochen hatte. Eine der ersten Maßnahmen Pinochets bestand darin, die Bergwerke wieder in Privatbesitz zu überführen, wie er es mit fast allem tat: mit den Friedhöfen, den Zügen, den Häfen und sogar mit der Müllabfuhr.

Um vier Uhr nachmittags hatten wir den Drehplan für die Bergwerke fertiggestellt, ohne daß uns irgendeine militärische oder zivile Macht gestört hätte, und wir kehrten über Talcahuano nach Concepción zurück. Wir kamen kaum voran, weil so viele Bergleute im Nebel auf dem Weg nach Hause waren und kleine Wägelchen hinter sich herzogen, die mit Ausschußkohle aus den Stollen beladen waren. Winzige und gespenstische Männer, kleine, kräftige Frauen, die riesige Kohlensäcke schleppten, Wesen wie aus einem Alptraum, die plötzlich aus dem Nebel auftauchten und selbst im Scheinwerferlicht kaum zu erkennen waren.

Talcahuano, wo sich die Unteroffiziersschule der Marine befindet, ist der wichtigste Militärhafen Chiles und die bedeutendste Werft des Landes. In den ersten Tagen nach dem Putsch erlangte es eine traurige Berühmtheit, da man hier die politischen Gefangenen zusammengelegt hatte, bevor sie in die Hölle der Dawson-Insel geschickt wurden. Auf der Straße sieht man unter den in Lumpen gehüllten Bergleuten die jungen Kadetten in schneeweißen Uniformen, und man kann kaum in der vom stechenden Gestank der Fischmehlfabriken, vom Teergeruch der Werften und von den fauligen Dünsten des Meeres vergifteten Luft atmen.

Anders als erwartet kamen wir in keine Militärkontrolle. Die meisten Häuser waren dunkel, und die wenigen Lichter in den Fenstern wirkten wie Kerzen aus einer anderen Zeit. Seit dem kalten Kaffee zum Frühstück hatten wir nichts mehr gegessen, so daß uns ein erleuchtetes Restaurant, auf das wir unverhofft stießen, wie eine märchenhafte Erscheinung vorkam. Um so mehr, als wir entdeckten, daß es voller Möwen war, die über die zum Meer gelegenen Terrassen hereinkamen. Noch nie hatte ich so viele Möwen gesehen, hatte noch nie gesehen, daß sie aus der Dunkelheit auftauchten und über die Köpfe der gleichmütigen Gäste flogen; sie flogen, als wären sie blind, wie betäubt und stießen überall mit großem Getöse an. Wir nahmen zur Abendessenszeit unser Frühstück ein und aßen prähistorische chilenische Schalentiere, die nach tiefen und eisigen Küstengewässern schmeckten, und kehrten dann nach Concepción zurück. Wir erreichten den Zug nach Santiago, als er bereits angefahren war, da das Büro, in dem wir das Auto gemietet hatten, geschlossen war, und wir fast vier Stunden mit der Suche nach jemandem verloren hatten, dem wir es zurückgeben konnten.

6
Zwei Tote, die niemals sterben:
Allende und Neruda

Die *poblaciones*, die ausgedehnten Elendsviertel der größeren Städte Chiles, sind in gewisser Hinsicht befreite Gebiete – wie die *cashbah* in den arabischen Städten –, deren Bewohner, von der Armut abgehärtet, eine erstaunliche labyrinthische Kultur entwickelt haben. Polizei und Armee überlegen es sich lieber zweimal, ehe sie sich in diese Ameisenhügel der Armen wagen, in denen leicht ein Elefant verschwinden kann, ohne eine Spur zu hinterlassen, denn dort müssen sich die sogenannten Ordnungskräfte mit originellen und einfallsreichen Formen des Widerstands auseinandersetzen, gegen die die konventionellen Methoden der Unterdrückung machtlos sind. Aufgrund dieser historischen Bedingungen wurden die *poblaciones* in Zeiten demokratischer Regierungen entscheidende Faktoren in den Wahlkämpfen, und den Regierungen hatten sie von jeher Kopfschmerzen bereitet. Für uns waren diese Orte von großer Bedeutung, um im Rahmen eines Dokumentarfilms die Stimmung in der Bevölkerung auszuloten und zu erfahren, inwieweit die Erinnerung an Allende lebendig war.

Zu unserer Überraschung stellten wir fest, daß die berühmten Namen der politischen Führer im Exil der jungen Generation, die heute die Diktatur in Schach hält, nicht viel sagen. In ihren Augen sind sie Figuren aus einer Heldensage, die mit der gegenwärtigen Realität nicht viel zu tun hat. Auch wenn es paradox klingt, ist dies die größte Niederlage der Militärregierung. Von Anfang an hatte Pinochet erklärt, er werde so lange an der Macht bleiben, bis in den Köpfen der folgenden Generationen auch die geringste Spur des demokratischen Systems getilgt sei. Er hätte sich nicht träumen lassen, daß seine eigene Regierung Opfer dieser Ausrottungsstrategie werden könnte. Erst vor kurzem, entmutigt angesichts der Aggressivität der Jugendlichen, die sich mit Steinen bewaffnet den Stoßtrupps des Regimes auf der Straße entgegenstellen, die mit der Waffe in der Hand im Untergrund kämpfen, die konspirieren und Politik machen, um ein System wieder einzuführen, das viele von ihnen nie kennengelernt haben, rief General Pinochet, außer sich, diese Jugend könne nur deshalb so handeln, weil sie nicht die geringste Ahnung davon habe, was die Demokratie in Chile gewesen sei.

Der Name von Salvador Allende hält die Vergangenheit wach, und der Kult um sein Andenken erreicht in den *poblaciones* mythische Ausmaße. Wir wollten vor allem die Bedingungen kennenlernen, unter denen ihre Bewohner leben, das Ausmaß ihres politischen Bewußtseins gegenüber der Diktatur und ihre einfallsreichen Formen des Kampfes. Überall antwortete man uns spontan und offen, und immer mit Bezug auf die Erinnerung an Allende. Viele Zeugen erklären einmütig: »Ich habe immer für ihn gestimmt, nie für jemand anders.« Das erklärt, warum Allende im Laufe seines Lebens so oft Präsidentschaftskandidat gewesen ist, daß er, bevor er schließlich gewählt wurde, gern sagte, auf seinem Grab stünde einmal: *Hier ruht Salvador Allende, der zukünftige Präsident Chiles.* Er war viermal Kandidat gewesen, bevor er gewählt wurde, zuvor jedoch Abgeordneter und Senator, und war es auch in den nachfolgenden Wahlen geblieben. Außerdem hatte er während seiner langen Parlamentskarriere landauf landab in fast allen Provinzen kandidiert, von der peruanischen Grenze bis Patagonien. Er kannte nicht nur jeden Quadratzentimeter dieser Provinzen, ihre Bewohner, ihre verschiedenen Kulturen, ihre Kümmernisse und ihre Träume, auch die gesamte Bevölkerung kannte ihn von Angesicht zu Angesicht. Im Gegensatz zu anderen Politikern, die man nur in der Zeitung oder im Fernsehen gesehen oder im Radio gehört hatte, machte Allende Politik, indem er von Haus zu Haus ging, im direkten und warmherzigen Kontakt zu den Leuten, wie ein Hausarzt, der er ja in Wirklichkeit auch gewesen war. Sein Verständnis des menschlichen Wesens, verbunden mit einem fast animalischen Instinkt für das politische Handwerk, rief widersprüchliche Gefühle hervor, die nicht leicht zu klären waren. Als er bereits Präsident war, marschierte einmal bei einer Demonstration ein Mann an ihm vorbei, der ein ungewöhnliches Transparent trug: *Das ist eine Scheißregierung, aber es ist meine Regierung.* Allende erhob sich, applaudierte und stieg von der Tribüne, um dem Mann die Hand zu schütteln.

Während unserer langen Fahrt durch das Land kamen wir in keinen Ort, in dem sich nicht eine Spur von Allende fand. Immer gab es jemanden, dem er die Hand geschüttelt, oder jemanden, für dessen Kind er eine Patenschaft übernommen, oder jemanden, dessen bösen Husten er mit einem Kräutertee geheilt, oder dem er eine Arbeit verschafft oder gegen den er eine Partie Schach gewonnen hatte. Alles, was er je berührt hatte, wurde wie eine Reliquie verehrt. Wo wir es am wenigsten erwartet hätten, zeigte man uns einen Stuhl, der besser erhalten war als alle anderen: »Hier hat er einmal gesessen.« Oder man zeigte uns irgendwelche kunstgewerblichen Sächelchen: »Das hat er uns geschenkt.« Eine 19jährige, die bereits ein Kind hatte und ein weiteres erwartete, sagte uns: »Ich erkläre meinem Sohn immer, wer der Präsident war, obwohl ich ihn selbst kaum gekannt habe, denn ich war erst neun Jahre alt, als er uns verlassen hat.« Wir fragten sie, welche Erinnerungen sie an ihn habe, und sie antwortete: »Ich war mit meinem Vater unterwegs, und ich sah jemanden auf einem Balkon sprechen und mit einem weißen Tuch winken.« In einem Haus, wo ein Bild von der Virgen del Carmen an der Wand hing, fragten wir die Frau des Hauses, ob sie eine Anhängerin Allendes gewesen sei, und sie antwortete uns: »Ich war es nicht: Ich bin es.« Dann nahm sie das Bildnis der Jungfrau ab, und dahinter hing ein Portrait Allendes.

Während seiner Regierungszeit wurden auf den Volksmärkten kleine Büsten von Allende verkauft, die umrahmt von Vasen voller Blumen und Votivlämpchen, heute in den *poblaciones* verehrt werden. Sein Andenken lebt überall fort, bei den Alten, die viermal für ihn stimmten, bei denen, die dreimal für ihn stimmten, bei denen, die ihn wählten, bei den Kindern, die ihn nur aus der historischen Erinnerung kennen. Mehrere Frauen, die wir interviewten, sagten: »Der einzige Präsident, der von den Rechten der Frau gesprochen hat, war Allende.« Tatsächlich nennen die Leute ihn fast nie beim Namen, sondern sie sagen: »Der Präsident«. Als wäre er es immer noch, als sei er der Einzige gewesen, als warteten sie darauf, daß er zurückkäme. Aber in der Erinnerung der *poblaciones* lebt weniger sein Bild fort als vielmehr sein erhabenes humanistisches Denken. »Wohnung und Essen sind uns nicht so wichtig, aber man soll uns unsere Würde zurückgeben«, sagten sie. Genauer:

»Wir wollen nur das, was man uns genommen hat: Wort und Stimme.«

Zwei lebende Tote

Der Allende-Kult ist vor allem in Valparaíso spürbar, dem lärmenden Hafen, wo Allende geboren wurde und aufwuchs und sich aufs politische Leben vorbereitete. In dem Haus eines anarchistischen Schusters in Valparaíso las er die ersten theoretischen Schriften und gewöhnte sich für immer die nachdenkliche Leidenschaft des Schachspielens an. Sein Großvater Ramón Allende gründete die erste weltliche Schule Chiles sowie die erste Freimaurerloge, in der Salvador

Allende den Rang eines Großmeisters errang. Das erste denkwürdige Auftreten Allendes fand während der »zwölf sozialistischen Tage« des bereits legendären Marmaduque Grove* statt, dessen Bruder später eine von Allendes Schwestern heiratete.

Es ist merkwürdig, daß die Militärdiktatur Allende in Valparaíso begraben hat, wo er zweifellos hätte begraben werden wollen. Insgeheim und ohne irgendwelche Zeremonien hatte man seinen Leichnam in der Nacht vom 11. September 1973 dorthin gebracht, in einem einfachen Propellerflugzeug der Luftwaffe, durch dessen Ritzen die eisigen Südwinde drangen; nur seine Frau, Hortensia Busi, und seine Schwester Laura begleiteten ihn. Ein ehemaliges Mitglied des Geheimdienstes der Militärjunta, der mit den ersten Putschisten in den Moneda-Palast eingedrungen war, erklärte gegenüber dem nordamerikanischen Journalisten Thomas Hauser, daß er den Leichnam des Präsidenten gesehen habe, »mit geöffneter Schädeldecke und Teilen des Gehirns auf dem Fußboden und an der Wand«. Das ist möglicherweise der Grund dafür, daß die Militärs, als Allendes Frau darum bat, das Gesicht ihres Mannes im Sarg sehen zu dürfen, sich weigerten, es ihr zu zeigen, und sie deshalb lediglich eine mit einem Laken bedeckte Gestalt sehen konnte. Sie begruben ihn auf dem Friedhof Santa Inés, im Familienmausoleum von Marmaduque Grove, ohne weiteren Schmuck als einen Strauß Blumen, den seine Witwe dort niederlegte und auf dessen Schleife stand: »Hier ruht Salvador Allende, Präsident von Chile.« Auf diese Weise hoffte man zu verhindern, daß die Bevölkerung ihn weiterhin verehrte, aber das war nicht möglich. Das Grab ist heute das Ziel dauernder Wallfahrten, und es ist

* Oberst Marmaduque Grove war der militärische Chef einer revolutionären Bewegung, die am 4. 6. 1932 Präsident Montero stürzte und eine sozialistische Regierung einsetzte; nach 12 Tg. wurde diese Regierung durch einen von der nationalen Bourgeoisie unterstützten Staatsstreich gestürzt. (Anm. d. Übers.)

immer mit Blumen geschmückt, die von unsichtbaren Händen dort niedergelegt werden. Um dies zu unterbinden, ließ die Regierung verbreiten, der Leichnam sei an eine andere Stelle umgebettet worden, aber nach wie vor sind frische Blumen auf dem Grab.

Auch der Kult um Pablo Neruda und sein Haus am Meer Isla Negra ist in der jungen Generation weiterhin lebendig. Trotz seines Namens ist dieser legendäre Ort weder eine Insel noch ist er schwarz. Es ist vielmehr ein Fischerdorf vierzig Kilometer südlich von Valparaíso an der Straße nach San Antonio, mit Wegen aus gelber Erde zwischen gigantischen Pinien und einem aufgewühlten grünen Meer mit hohen Wellen. Pablo Neruda hatte hier ein Haus, das zu einem Wallfahrtsort für Liebende aus aller Welt geworden ist. Franquie und ich waren dorthin vorausgefahren, um den Drehplan aufzustellen, während das italienische Team die letzten Aufnahmen im Hafen von Valparaíso drehte. Der diensthabende Carabinero zeigte uns, wo die Brücke war, wo das Gasthaus war, und die anderen Stellen, die der Dichter in seinen Versen berühmt gemacht hatte, aber er machte mich darauf aufmerksam, daß es verboten sei, das Haus zu besichtigen.

»Sie können es von außen ansehen«, sagte er.

Als wir in dem Gasthaus auf das Team warteten, begriffen wir, in welchem Ausmaß der Dichter die Seele von Isla Negra gewesen war. Als er sich dort aufgehalten hatte, waren Jugendliche aus aller Welt in den Ort geströmt, und als einzigen Reiseführer hatten sie seine *Zwanzig Liebesgedichte** mit. Sie wollten nichts weiter, als ihn einen Augenblick sehen, ihn höchstens vielleicht um ein Autogramm bitten, denn sie gaben sich mit der Erinnerung an den Ort zufrieden. Im Gasthaus ging es damals fröhlich und lärmend zu, und manchmal ließ sich Neruda dort in seinen farbenfrohen Pon-

* *Zwanzig Liebesgedichte und ein Gedicht der Verzweiflung*, Leipzig 1958.

chos und seinen Andenmützen sehen, riesig groß und bedächtig wie ein Papst. Er kam zum Telefonieren – da er seinen Apparat abgemeldet hatte, um mehr Ruhe zu haben – oder um Doña Elena, die Wirtin, zu bitten, ein Essen für seine Freunde vorzubereiten, das er abends in seinem Haus geben wollte. Das bedeutet, daß die Küche des Gasthauses hervorragend war, denn Neruda war ein Kenner von kulinarischen Leckerbissen aus aller Welt und konnte sie meisterhaft zubereiten. Er hatte den Kult des guten Essens derart verfeinert, daß er beim Tischdecken noch auf das kleinste Detail achtete und es fertig brachte, so oft die Tischdecke, das Geschirr und die Gedecke auszuwechseln, bis alles zu dem Essen paßte, das serviert werden sollte. Zwölf Jahre nach seinem Tod war all dies wie von einem verheerenden Sturm hinweggefegt. Doña Elena war gebeugt von wehmütigen Erinnerungen nach Santiago gegangen, und das Gasthaus war kurz vor dem Einsturz. Aber etwas sehr Poetisches hat er zurückgelassen: Seit dem letzten Erdbeben bebt in Isla Negra die Erde jeden Tag und jede Nacht in Abständen von zehn bis fünfzehn Minuten.

Die Erde bebt immer in Isla Negra

Wir fanden Nerudas Haus im Schatten der Pinien, die es wie eine Schildwache umstanden; ein fast ein Meter hoher Zaun, mit dem der Dichter sein Privatleben schützte, umgab es auf allen vier Seiten. Jetzt wachsen Blumen aus dem Holz. Auf einem Schild steht, daß das Haus von der Polizei versiegelt wurde und daß Zutritt und Fotografieren verboten sind. Der Carabinero, der dort in gewisssen Zeitabständen seine Runden drehte, wurde noch deutlicher: »Hier ist alles verboten.« Da wir auch das schon wußten, bevor wir angekommen waren, hatte der italienische Kameramann eine voluminöse, gut sichtbare Ausrüstung mit dem Hintergedanken mitgebracht, diese von dem Posten beschlagnahmen zu lassen, weil er außerdem versteckt eine weitere, tragbare Kamera dabei hatte. Zusätzlich hatte sich das Team auf drei Autos verteilt, damit die Filmrollen, sobald sie fertig waren, nach Santiago geschafft werden konnten und wir für den Fall, daß wir überrascht würden, lediglich das Material verlören, das die jeweilige Gruppe bei sich hatte. In diesem Fall sollte das Team so tun, als würden sie uns nicht kennen, und Franquie und ich spielten zwei harmlose Touristen.

Die Türen waren von innen verschlossen, vor den Fenstern hingen weiße Vorhänge, und der Fahnenmast vor dem Eingang war leer, denn die Flagge wurde nur gehißt, wenn der Dichter zu Hause war. Dennoch fiel inmitten von so viel Trübsinnigkeit die Pracht des Gartens ins Auge, den unbekannte Hände pflegten. Matilde, die Frau Ncrudas, war kurz vor unserem Besuch gestorben; nach dem Militärputsch hatte sie die Möbel, die Bücher und die Sammlung von erhabenen und kleinen Dingen weggebracht, die der Dichter im Laufe seines unsteten Lebens zusammengetragen hatte. Seine Häuser, die er in verschiedenen Teilen der Welt besessen hatte, zeichneten sich nicht durch Schlichtheit aus, sondern eher durch eine beeindruckende Üppigkeit. Seine Leidenschaft, die Natur nicht nur in seinen meisterhaften Versen einzufangen, hatte dazu geführt, daß er verrückte Muscheln, Galionsfiguren, alptraumhafte Schmetterlinge und exotische Gläser und Vasen sammelte. In einem seiner Häuser stand man unversehens vor einem ausgestopften Pferd, das mitten in einem Büro sehr lebendig wirkte. Außerdem bestand eine seiner großen schöpferischen Leidenschaften – neben der Poesie die besonders sichtbare, aber auch weniger ruhmreiche – darin, die Architektur seiner Häuser nach seinem Gutdünken zu verändern. Eins von ihnen war so originell, daß man vom Wohnzimmer nur ins Eßzimmer gelangte, wenn man einen Spaziergang über den Hof machte, und der

Dichter hielt Regenschirme bereit, damit sein Gäste, ohne sich zu erkälten, zum Essen kommen konnten, falls es regnete. Niemand genoß seine Scherze mehr und lachte mehr darüber als er selbst. Seine venezolanischen Freunde, die zwischen schlechtem Geschmack und Unglück einen Zusammenhang herstellen, sagten ihm, daß seine Sammlungen *pavosas* seien. Mit anderen Worten, unheilbringend. Und er lachte sich halbtot und entgegnete, die Poesie sei das Gegengift für jegliches Unheil, was er mit seinen furchteinflößenden Sammlungen auch bis zum Überdruß bewies.

In Wirklichkeit befand sich sein Hauptwohnsitz in der Calle del Marqués de la Plata in Santiago, wo er wenige Tage nach dem Militärputsch an einer alten, durch die Trauer verschlimmerten Leukämie starb, nachdem Stoßtrupps von Soldaten das Haus geplündert und im Garten seine Bücher auf Scheiterhaufen verbrannt hatten. Mit dem Geld, das er für den Nobelpreis bekommen hatte, als er noch Botschafter der *Unidad Popular* in Paris war, hatte Neruda in der Normandie die ehemaligen Reitställe eines alten Schlosses gekauft und sie zum Wohnhaus umbauen lassen, am Ufer eines stehenden Gewässers mit rosafarbenen Seerosen. Das Haus hatte sehr hohe Decken, die an Kirchengewölbe erinnerten, und hohe Fenster, die den Dichter in leuchtende Farben tauchten, wenn er im Bett saß und mit dem Prunk und der Macht eines Pontifex seine Freunde empfing. Er konnte sich knapp ein Jahr daran erfreuen.

Aber es ist das Haus in Isla Negra, das die Leser am besten mit seiner Dichtung verbinden können. Selbst nach seinem Tod und in dem verwaisten Zustand, in dem es sich heute befindet, strömt eine Generation von Verliebten dorthin, die zu Lebzeiten des Dichters nicht älter als acht Jahre war. Sie kommen aus aller Welt, um Herzen mit ihren Initialen und Liebesbotschaften in den Zaun zu ritzen, der den Zutritt zum Haus verwehrt. Meistens sind es Variationen über ein Thema:

Juan und Rosa lieben sich durch Pablo. Danke, Pablo, Du hast uns die Liebe gelehrt. Wir möchten lieben wie Du. Aber es gibt auch andere Botschaften, die die Carabineros weder verhindern noch löschen können: *Die Liebe wird niemals sterben, Generäle Allende und Neruda leben. Eine Minute Dunkel macht uns nicht blind.* Dies alles findet sich selbst an den unwahrscheinlichsten Stellen, und die gesamte Umzäunung macht den Eindruck, als ob bereits mehrere Generationen von Inschriften aus Platzmangel übereinander lägen. Wenn jemand genug Geduld hätte, die verstreuten Zeilen, die die Verliebten aus dem Gedächtnis auf den Zaun geschrieben haben, in die richtige Reihenfolge zu bringen, könnte er ganze Gedichte von Neruda rekonstruieren. Aber am meisten beeindruckte uns bei unserem Besuch, daß jene Inschriften alle zehn oder fünfzehn Minuten wegen des tiefen Bebens, das die Erde erschütterte, lebendig zu werden schienen. Der Zaun drohte aus der Erde zu springen, die Bretter ächzten in ihren Scharnieren, und man hörte Geklirr von Gläsern und Metallen wie in einem steuerlos treibenden Segelschiff und hatte den Eindruck, als wolle die ganze Erde erschauern angesichts soviel Liebe, die in dem Garten am Haus gesät war.

In der Stunde der Wahrheit erwiesen sich alle unsere Vorsichtsmaßnahmen als überflüssig. Niemand beschlagnahmte unsere Kameras, noch wurde irgend jemandem der Zutritt verweigert, denn die Carabineros waren zum Mittagessen gegangen. Wir filmten alles, nicht nur das, was vorgesehen war, sondern viel mehr, denn Ugo war von dem Beben im Meer wie berauscht und wagte sich bis zu den Hüften in die Brandung, die sich mit prähistorischem Donnern an den Felsen brach. Er setzte sein Leben aufs Spiel, denn auch ohne Erdbeben hätte ihn dieses unbezähmbare Meer auf die Felsenriffs schleudern können. Aber niemand war in der Lage, ihn davon abzuhalten. Ugo filmte ununterbrochen, ohne

Richtung, er geriet hinter dem Okular ins Delirium, und jeder, der das Filmemachen aus eigener Anschauung kennt, weiß, daß es unmöglich ist, einen in Trance geratenen Kameramann zu steuern oder zu kontrollieren.

»Grazia stieg in den Himmel auf«

Wie geplant, wurde jede Filmrolle per Expreß nach Santiago geschickt, damit Grazia sie noch am selben Abend nach Italien mitnehmen konnte. Der Zeitpunkt ihrer Reise war nicht zufällig gewählt. Seit einer Woche suchten wir nach dem besten Weg, alles bis dahin gedrehte Filmmaterial aus dem Land zu schaffen, aber die ursprünglich geplanten illegalen Wege konnten wir nicht benutzen. Das war die Lage, als die Nachricht verbreitet wurde, Chiles neuer Kardinal, Monsignore Francisco Fresno, würde aus Rom ankommen, um den mit fünfundsiebzig Jahren in den Ruhestand getretenen Kardinal Silva Henríquez abzulösen. Auf Anregung von Kardinal Silva Henríquez war die *Vicaría de la solidaridad* der Katholischen Kirche gegründet worden, und er hinterließ bei der Bevölkerung ein Gefühl der Dankbarkeit und beim Klerus ein kämpferisches Bewußtsein, das die Diktatur um den Schlaf brachte.

Nicht ohne Grund. In den ärmsten *poblaciones* arbeiten Priester als Schreiner, Maurer und einfache Handwerker Seite an Seite mit den *pobladores*, den Bewohnern der Armenviertel, und einige Priester sind bei Straßendemonstrationen von der Polizei erschossen worden. Weniger aus Freude über den neuen Kardinal – dessen politische Haltung noch ein Rätsel war –, sondern eher aus Erleichterung über den Abschied von Kardinal Silva Henríquez hob die Regierung für einige Tage die Einschränkungen durch den Ausnahmezustand auf und forderte alle offiziellen Medien auf, Monsignore Fresno einen grandiosen Empfang zu bereiten. General Pinochet allerdings hatte sich zufälligerweise zur gleichen Zeit mit seiner Familie und seinem gesamten Hofstaat aus jungen, unbekannten Ministern auf eine zweiwöchige Reise in den Norden des Landes begeben, zweifellos, damit weder er selbst noch jemand aus seinem Umkreis sich genötigt sehen würde, an einem möglicherweise stattfindenden Empfang teilzunehmen. Die Widersprüchlichkeit der offiziellen Entscheidungen hatte in der Stadt so viel Verwirrung gestiftet, daß sich nur zweitausend Menschen auf der Plaza de Armas einfanden, während man zehntausend erwartet hatte.

In jedem Fall war leicht vorauszusehen, daß jener Nachmittag offizieller Unsicherheit besonders günstig war, um die erste Sendung des gefährdeten Filmmaterials außer Landes zu bringen. An jenem Abend erhielten wir in Valparaíso die verschlüsselte Nachricht: *Grazia stieg in den Himmel auf.* Und genau das tat sie. Sie kam zum Flughafen, der so abgeriegelt war wie nie zuvor, aber gleichzeitig auch verstopfter und chaotischer denn je; die Polizisten halfen ihr eigenhändig, das Gepäck aufzugeben und ohne Zeit zu verlieren in das Flugzeug zu steigen, mit dem der Kardinal gerade gelandet war.

7
Die Polizei liegt auf der Lauer:
Der Kreis schließt sich allmählich

Elena hatte ein Wochenende voller Angst verbracht, während ich in Concepción und Valparaíso filmte, ohne Kontakt mit ihr aufzunehmen. Sie hatte die Pflicht, mein Verschwinden weiterzugeben, aber da sie wußte, daß ich ein verstockter Improvisator bin, wartete sie damit länger als verabredet. Sie wartete die ganze Samstagnacht. Als sie sonntags merkte, daß ich nicht kam, setzte sie sich – allerdings ohne Erfolg – mit Leuten in Verbindung, die ihr möglicherweise irgendeinen Hinweis hätten geben können. Sie hatte sich Montag mittag als letzte Frist gesetzt, um Alarm zu schlagen, als sie mich übernächtigt und unrasiert ins Hotel kommen sah. Sie hatte viele sehr wichtige und gefährliche Aufträge durchgeführt, und sie schwor mir, daß sie niemals mit einem falschen ungebändigten Ehemann so viel auszustehen gehabt habe wie mit mir. Aber diesmal hatte sie einen zusätzlichen und berechtigten Grund. Nach unzähligen Bemühungen, gescheiterten Treffen und einer minutiösen Planung hatte sie schließlich für elf Uhr dieses Vormittags ein Interview mit führenden Leuten aus der Patriotischen Front Manuel Rodríguez vereinbart.

Das war zweifellos das schwierigste und gefährlichste aller geplanten Treffen, und auch das wichtigste. Die Patriotische Front Manuel Rodríguez besteht fast ausschließlich aus Angehörigen einer Generation, die gerade die Primarschule hinter sich gebracht hatte, als Pinochet die Macht an sich riß. Die *Frente* setzt sich für den Zusammenschluß aller Bereiche der Opposition zum Sturz der Diktatur ein und kämpft für die Rückkehr zur Demokratie, die es dem chilenischen Volk erlaubt, völlig autonom über seine Zukunft zu entscheiden.

Manuel Rodríguez, der Name der *Frente*, geht auf einen Kämpfer der chilenischen Unabhängigkeit von 1810 zurück, der zur allegorischen Figur wurde, weil er übernatürliche Kräfte zu besitzen schien, mit Hilfe derer er alle Verfolger zum Narren hielt. Nach der Niederlage der Patrioten und der Machtübernahme durch die Königstreuen hielt Manuel Rodríguez den Kontakt zwischen dem Befreiungsheer, das in Mendoza, auf der argentinischen Seite, operierte, und den Untergrundkräften aufrecht, die im Inneren Chiles Widerstand leisteten. Viele Elemente der damaligen Situation haben mehr als auffällige Ähnlichkeiten mit der aktuellen Situation in Chile.

Ein Interview mit den politischen Führern der Patriotischen Front ist ein Privileg, von dem jeder gute Journalist träumt. Ich machte da keine Ausnahme. In letzter Minute traf ich ein, nachdem ich die Mitglieder des Kcamerateams zu den verschiedenen vereinbarten Orten gebracht hatte. Allein ging ich schließlich zu einer Bushaltestelle in der Calle Providencia und hatte wie verabredet die Tagesausgabe von *El Mercurio* und ein Exemplar der Zeitschrift *Qué pasa* dabei. Ich sollte lediglich warten, bis jemand auf mich zukam und mich fragte: »Fahren Sie an den Strand?« Ich hatte zu antworten: »Nein. Ich fahre in den Zoo.« Das Losungswort erschien mir absurd, da niemand im Herbst auf die Idee kam, an den Strand zu fahren, aber die beiden Verbindungsmänner der Patriotischen Front sagten mir später völlig zu recht, das Kennwort sei absichtlich so absurd, um die Möglichkeit auszuschließen, daß irgend jemand irrtümlich oder rein zufällig diese Sätze sagte. Zehn Minuten nach meiner Ankunft, als ich bemerkte, daß meine Anwesenheit an einem derart überlaufenen Ort ziemlich auffiel, sah ich einen mittelgroßen, sehr schlanken Jungen auf mich zukommen, der das linke Bein nachzog und eine Baskenmütze trug, die allein schon gereicht hätte, ihn als Verschwörer kenntlich zu machen. Er ging ohne Umschweife auf mich zu, und ich sprach ihn an, bevor er noch das Losungswort sagen konnte.

»Konntest du dich nicht ein bißchen anders verkleiden?« fragte ich ihn lachend. »So, wie du aussiehst, erkenn ja sogar ich dich.«

Er sah mich eher traurig als überrascht an.

»Merkt man es mir sehr an?«

»Zehn Meilen gegen den Wind«, sagte ich.

Der Junge hatte Humor und spielte sich nicht konspirativ auf, und das löste bereits vom ersten Augenblick an die Spannung. Er hatte sich mir kaum genähert, als schon ein Lieferwagen mit dem Namenszug einer Bäckerei vor mir hielt und ich auf den Beifahrersitz kletterte. Dann fuhren wir kreuz und quer durchs Stadtzentrum und sammelten an den verschiedenen Stellen die Mitglieder des italienischen Kamerateams ein. Später setzte man uns an fünf verschiedenen Stellen ab, sammelte uns einzeln in verschiedenen Autos wieder ein, und schließlich fanden wir uns alle in einem anderen Lieferwagen wieder, in dem auch bereits die Kameras, die Lampen und die Tonausrüstung waren. Ich hatte nicht den Eindruck, ein ernstes und schwerwiegendes Abenteuer aus dem wirklichen Leben zu erleben, sondern eher, in einem Spionagefilm zu spielen. Der hinkende Junge mit der Baskenmütze und der Verschwörermiene war bei einer der vielen Runden durch die Stadt verschwunden, und ich sah ihn nie wieder. Seinen Platz nahm ein anderer Fahrer ein, der zwar Witzchen machte, aber von unerbittlicher Strenge war. Ich setzte mich neben ihn, und der Rest des Teams saß auf der Ladefläche.

»Ich fahr euch ein bißchen spazieren«, sagte er zu uns, »damit ihr mal unsere gute chilenische Meeresluft schnuppern könnt.« Er dreht das Radio auf volle Lautstärke und kurvte durch die Stadt, bis ich nicht mehr wußte, wo wir waren. Aber das reichte ihm noch nicht, und mit einer typisch chilenischen Wendung, die ich schon vergessen hatte, befahl er uns, die Augen zu schließen: »So, meine Kleinen, jetzt wollen wir mal ein bißchen Heia machen.« Als er merkte, daß wir nicht reagierten, wurde er deutlicher:

»Also los, jetzt werden die Äuglein schön fest geschlossen und erst wieder geöffnet, wenn ich Bescheid sage, und wenn nicht, dann wars das und Schluß.«

Er erzählte uns, daß sie für Operationen dieser Art ein besonderes Modell blinder Brillen hätten, die von außen aussähen wie Sonnenbrillen, durch die man aber nichts sehen könne. Aber die hätte er diesmal vergessen. Die Italiener, die hinten im Wagen saßen, verstanden seinen chilenischen Slang nicht, und ich mußte für sie übersetzen.

»Schlaft!« sagte ich zu ihnen.

Sie schienen noch weniger zu verstehen.

»Schlafen?«

»Ganz recht«, sagte ich zu ihnen, »legt euch hin, macht die Augen zu und öffnet sie erst wieder, wenn ich euch Bescheid sage.«

Die genaue Entfernung: zehn Boleros

Das Team kauerte sich auf den Boden des Lieferwagens, und ich versuchte, die Stadtviertel zu erkennen, durch die wir fuhren. Aber der Fahrer erklärte mir ohne Umschweife:

»Das gilt auch für Sie, *compañero*. Jetzt wird schön Heia gemacht.«

Also stützte ich den Kopf auf die Rückenlehne, schloß die Augen und ließ mich von dem Strom der Boleros tragen, die unaufhörlich aus dem Radio plätscherten. Uralte Boleros von Raúl Chu Moreno, Lucho Gatica, Hugo Romani, Leo Marini. Die Zeit vergeht, die Generationen ebenfalls, aber der Bolero bleibt im Herzen der Chilenen, mehr als in irgendeinem anderen Land, unbesiegbar. Der Lieferwagen hielt in gewissen

Abständen an, man hörte unverständliches Gemurmel, und dann die Stimme des Fahrers: »Ciao, bis gleich.« Ich glaube, er sprach mit anderen Mitgliedern der *Frente*, die an entscheidenen Stellen postiert waren und die ihm Informationen über den weiteren Weg gaben. Ich wagte einmal, die Augen aufzumachen, weil ich dachte, er würde mich nicht sehen, aber da entdeckte ich, daß er den Rückspiegel so eingestellt hatte, daß er steuern oder mit seinen Genossen sprechen konnte, ohne uns aus den Augen zu verlieren.

»Nun mal sachte«, sagte er zu uns. »Wenn der erste die Augen aufmacht, fahren wir nach Hause zurück, und der Ausflug ist zu Ende.«

Ich schloß die Augen wieder und begann, mit dem Radio zu singen: *Que te quiero, sabrás que te quiero**. Die Italiener hinten auf der Ladefläche sangen im Chor mit. Dem Fahrer gefiel das sehr.

»Richtig, meine Kleinen, singt nur schön, das macht ihr sehr gut«, sagte er. »Ihr seid in guten Händen.«

Bevor ich ins Exil ging, gab es in Santiago einige Stellen, die ich mit geschlossenen Augen erkannte: den Schlachthof an dem Geruch nach getrocknetem Blut, das Dorf San Miguel an dem Geruch nach Motoröl und verschrotteten Eisenbahnen. In Mexiko, wo ich viele Jahre lebte, merkte ich an dem unverwechselbaren Geruch der Papierfabrik, daß ich in der Nähe der Ausfahrt von Cuernavaca war, oder in Azcapotzalco, wenn es nach der Raffinerie roch. An jenem Mittag in Santiago fand ich nicht einen einzigen vertrauten Geruch, obwohl ich aus reiner Neugierde danach suchte, während wir sangen. Nach zehn Boleros hielt der Lieferwagen an.

»Nicht die Äuglein aufmachen«, wies uns der Fahrer eilig an. »Wir steigen jetzt brav aus und halten uns alle an den Händchen, damit keiner auf seinen kleinen Popo fällt.«

---

* Ich liebe dich, du wirst wissen, daß ich dich liebe.

Das taten wir und gingen dann einen lehmigen Weg, der anscheinend sehr steil war, hinauf und wieder hinab. An dessen Ende tauchten wir in eine weniger kühle Dunkelheit, die nach frischem Fisch roch, und einen Augenblick lang dachte ich, wir wären nach Valparaíso gefahren zur Küste. Aber dazu hätte die Zeit nicht gereicht. Als der Fahrer uns befahl, die Augen zu öffnen, befanden wir uns zu fünft in einem engen Raum mit sauberen Wänden und billigen, aber sorgfältig gepflegten Möbeln. Mir gegenüber stand ein gut gekleideter junger Mann mit einem falschen Schnurrbart, den er sich offensichtlich in großer Eile ins Gesicht geklebt hatte. Ich lachte auf.

»Du solltest dich besser verkleiden«, sagte ich zu ihm. »Deinen Schnurrbart glaubt dir niemand.«

Auch er lachte laut und nahm sich den Schnäuzer ab.

»Ich war heute so in File«, sagte er.

Das Eis war geschmolzen, und wir gingen scherzend in das andere Zimmer, in dem ein sehr junger Mann mit einem Kopfverband lag und benommen schlief. Erst da merkten wir, daß wir uns in einem sehr gut ausgerüsteten Lazarett der Untergrundbewegung befanden und daß der Verwundete Fernando Larenas Seguel war, der meistgesuchte Mann Chiles.

Er war einundzwanzig Jahre alt und aktives Mitglied der Patriotischen Front Manuel Rodríguez. Vor zwei Wochen, als er allein und unbewaffnet um ein Uhr morgens zu seiner Wohnung in Santiago zurückgekehrt war, hatten vier mit Gewehren bewaffnete Männer in Zivil sein Auto umstellt. Ohne ihm irgend etwas zu befehlen oder eine Frage zu stellen, schoß einer von ihnen durch die Scheibe, und das Projektil durchschlug seinen linken Unterarm und verletzte ihn am Kopf. Achtundvierzig Stunden später wurde er von einem vierköpfigen Kommando der Patriotischen Front mit Waffengewalt aus der Klinik Nuestra Señora de las Nieves befreit, wo er, von der Polizei bewacht, im Koma lag, und in eines der vier Lazarette der Untergrundbewegung gebracht. Am Tag des Interviews befand er sich auf dem Weg der Besserung und war soweit wieder hergestellt, daß er unsere Fragen beantworten konnte.

Wenige Tage nach diesem Treffen wurden wir von den höchsten Verantwortlichen der Patriotischen Front empfangen, mit denselben fast filmreifen Sicherheitsvorkehrungen, aber mit einem entscheidenden Unterschied. Statt in einem konspirativen Lazarett fanden wir uns in einem freundlichen Haus der Mittelschicht wieder, mit einer umfangreichen Schallplattensammlung aller großen Meister und einer ausgezeichneten literarischen Bibliothek tatsächlich gelesener Bücher, was ja bei vielen guten Bibliotheken nicht der Fall ist. Ursprünglich hatten wir die Idee, die leitenden Mitglieder der *Frente* in Kapuzen zu filmen, aber dann entschieden wir uns, sie durch technische Verfremdungen wie Beleuchtung und Bildausschnitte zu schützen. Das Ergebnis ist, wie man im Film sieht, sehr viel überzeugender und menschlicher und weniger schaurig als die üblichen Interviews mit politischen Führern aus dem Untergrund.

Nachdem die verschiedenen Treffen mit Persönlichkeiten aus der Legalität und dem Untergrund abgeschlossen waren, kamen Elena und ich gemeinsam zu der Überzeugung, daß sie wieder zu ihrer normalen Tätigkeit in Europa zurückkehren sollte, wo sie seit einiger Zeit gelebt hatte. Ihre politische Arbeit war zu bedeutend, um sie unnötigen Risiken auszusetzen, und ich hatte mittlerweile ausreichend Erfahrungen gesammelt, um ohne Hilfe den letzten Abschnitt des Films, den ich für weniger gefährlich hielt, fertigstellen zu können. Ich habe Elena bis heute nicht wiedergetroffen, aber als ich sah, wie sie sich – wieder in ihrem Schottenrock und den Schulmädchenmokassins – in Richtung U-Bahn entfernte, wurde mir klar, daß ich sie nach so vielen Stunden vorgetäuschter Liebe und gemeinsam geteilter Schrecken sehr viel heftiger vermissen würde, als ich mir vorgestellt hatte.

Für den Fall, daß die ausländischen Kamerateams aus Gründen höherer Gewalt Chile würden verlassen müssen oder man ihnen verbieten sollte zu arbeiten, hatte mir eine Sektion des inneren Widerstands geholfen, ein Team mit jungen Filmemachern aus ihren Reihen zusammenzustellen. Es war ein Volltreffer. Dieses Team leistete ebenso schnelle Arbeit mit ebenso guten Ergebnissen wie die anderen Teams. Und es arbeitete sogar noch besser und mit noch größerer Begeisterung, weil die Mitglieder des Teams wußten, was sie taten, denn ihre politische Organisation hatte uns versichert, daß sie nicht nur absolut vertrauenswürdig, sondern auch bestens auf die Gefahren vorbereitet seien. Als dann die ausländischen Teams nicht mehr ausreichten und wir mehr Leute brauchten, um in den *poblaciones* zu drehen, übernahm es dieses Team, noch weitere Teams zu gründen, und diese gründeten wieder andere, bis wir in der letzten Woche sechs chilenische Teams zählten, die gleichzeitig an verschiedenen Orten arbeiteten. Mir demonstrierten sie außerdem den Grad der Entschlossenheit und die Tüchtigkeit der jungen Generation, die sich nicht davon abbringen läßt, hartnäckig, ohne Eile und ohne großes Aufheben Chile vom Unheil der Diktatur zu befreien. Trotz ihrer jungen Jahre haben alle diese Kämpfer mehr als nur eine vage Vorstellung von der Zukunft. Sie haben bereits alle eine Vergangenheit mit unbekannten Heldentaten und verborgenen Siegen hinter sich, die sie mit großer Bescheidenheit für sich behalten.

Wir interviewten die Verantwortlichen der Patriotischen Front, als das französische Team nach erfolgreichem Abschluß des vorgesehenen Programms in Santiago ankam. Diese Arbeit war für uns unentbehrlich, denn für die Entstehung der politischen Parteien Chiles ist der Norden ein historisches Gebiet. Die politische und ideologische Kontinuität, angefangen von Luis Emilio Recabarren, der zu Anfang dieses Jahrhunderts die erste Arbeiterpartei Chiles gründete, bis hin zu Salvador Allende, läßt sich dort sehr gut verfolgen. In dieser Region liegt eine der ergiebigsten Kupferminen der Welt, die zur gleichen Zeit wie die industrielle Revolution im vergangenen Jahrhundert von den Engländern industrialisiert worden war. So war unsere chilenische Arbeiterklasse entstanden. Hier nahm auch die soziale Bewegung Chiles ihren Anfang, die zweifellos die bedeutendste in Lateinamerika ist. Als Allende an die Macht kam, war seine wichtigste und gewagteste Maßnahme, die Kupferminen zu nationalisieren. Eine der ersten Maßnahmen Pinochets war es dann, sie ihren ursprünglichen Besitzern wieder zurückzugeben.

Der Arbeitsbericht von Jean-Claude, dem Leiter des französischen Teams, war sehr detailliert und umfassend. Ich mußte mir alles auf der Leinwand vorstellen, um die Einheit des Films nicht zu verderben, denn die Schnellkopien würde ich erst nach meiner Rückkehr in Madrid sehen können, und dann war es für jede Korrektur zu spät. Zum Teil aus Sicherheitsgründen, aber mehr noch aus reiner Freude darüber, in Chile zu sein, trafen wir uns nicht an einem bestimmten Ort, sondern verbrachten einen weiteren Vormittag dieses entscheidenden Herbstes damit, durch die Stadt zu laufen. Wir spazierten durch das Stadtzentrum, stiegen in die Busse der am wenigsten befahrenen Linien, tranken Kaffee an den auffälligsten Orten, aßen Meeresfrüchte und begossen sie mit Bier, und als es Abend wurde, hatten wir uns so weit vom Hotel entfernt, daß wir mit der U-Bahn zurückfahren mußten.

Ich kannte die U-Bahn noch nicht, denn erst die Militärjunta hatte sie eingeweiht, obwohl die Regierung Frei mit dem Bau begonnen und Allende ihn weitergeführt hatte. Ich war überrascht, wie sauber und effizient sie war und mit welcher Selbstverständlichkeit meine Mitbürger sich daran gewöhnt hatten, unter der Erdoberfläche zu reisen. Es war eine Welt, die ich bis dahin noch nicht entdeckt hatte, denn wir hatten keinen überzeugenden Grund gefunden, um eine Drehgenehmigung zu beantragen. Die Tatsache, daß die U-Bahn von den Franzosen gebaut worden war, brachte uns schließlich auf die Idee, daß Jean-Claudes Team dort drehen könnte. Wir sprachen bei der Ankunft auf der Station Pedro Valdivia gerade darüber, als ich auf der Treppe zum Ausgang das untrügliche Gefühl hatte, daß uns jemand beobachtete. So war es: Ein Polizist in Zivilkleidung sah uns so aufmerksam an, daß sich sein und mein Blick auf halbem Weg trafen.

Zu diesem Zeitpunkt war ich bereits in der Lage, einen Polizisten in Zivil in der Menge ausfindig zu machen. Obwohl sie selbst davon überzeugt sind, auszusehen wie jedermann, haben sie etwas Unverwechselbares, mit ihrer längst aus der Mode gekommenen dunkelblauen dreiviertellangen Jacke und ihrem wie Rekruten fast kahl geschorenem Schädel. Aber endgültig verraten werden sie durch ihren Blick, denn die Chilenen sehen auf der Straße niemanden an, mit starrem Blick laufen oder fahren sie im Bus. Als ich daher den korpulenten Mann bemerkte, der mich, selbst nachdem er sich entdeckt wußte, weiterhin ansah, identifizierte ich ihn sofort als Polizisten in Zivil. Seine Hände steckten in den Taschen seiner dicken Stoffjacke, eine Zigarette hing ihm

zwischen den Lippen, und das linke Auge hatte er, wie die
klägliche Imitation eines Filmdetektivs, wegen des aufstei-
genden Rauches halb geschlossen. Ich weiß nicht, warum ich
ihn für den berühmten Guatón Romo hielt, einen gedunge-
nen Meuchelmörder der Diktatur, der sich als fanatischer
Linker ausgegeben und zahllose illegale Aktivisten verraten
hatte, die daraufhin sofort umgebracht wurden.
Ich gebe zu, daß ich einen schwerwiegenden Fehler beging,
als ich ihn ansah, aber es war unvermeidlich, denn ich tat es
nicht absichtlich, sondern aus einem unkontrollierbaren Impuls heraus. Dann sah ich ebenso instinktiv erst nach links
und dann nach rechts, und ich bemerkte noch zwei weitere.
»Erzähl mir irgendwas«, sagte ich ganz leise zu Jean-Claude.
»Erzähl mir was, aber gestikuliere nicht, sieh mich nicht an,
mach nichts weiter.« Er verstand, und wir liefen so selbstverständlich weiter, als wüßten wir von nichts, bis wir an die
Erdoberfläche gelangten. Es war bereits Nacht, aber die Luft
war milder und klarer als in den vorangegangenen Nächten.
Viele Leute gingen über die Alameda nach Hause. Dann
trennte ich mich von Jean-Claude.
»Verschwinde«, sagte ich ihm. »Wir treffen uns später wieder.« Er rannte nach rechts, und ich tauchte in entgegengesetzter Richtung in der Menge unter. Ich nahm ein Taxi, das
in diesem Augenblick wie vom Himmel geschickt vor mir
hielt, und ich konnte die drei überraschten Männer sehen, die
gerade aus der U-Bahn-Station kamen und nicht wußten,
wem sie folgen sollten, Jean-Claude oder mir, und die schon
von der Menge verschluckt wurden. Vier Straßen weiter stieg
ich aus, nahm ein anderes Taxi in entgegengesetzter Richtung, dann noch eins und noch eins, bis es mir unmöglich
schien, daß sie mir noch immer folgten. Das einzige, was ich
nicht verstand und was ich auch bis heute nicht verstanden
habe, ist der Grund, aus dem sie uns folgten. Schließlich stieg
ich vor dem erstbesten Kino aus und ging hinein, ohne auch

nur auf die Programmankündigung zu achten, wie immer davon überzeugt, daß es keinen sichereren und geeigneteren Ort zum Nachdenken gab – eine Berufskrankheit.

»Wie finden Sie meinen Hintern, Caballero?«

Das Programm war eine Mischung aus Filmen und einer Live-Show. Ich hatte mich kaum gesetzt, als der Film zu Ende war, der Saal halb erleuchtet wurde und ein Conferencier zu einer langatmigen Rede ansetzte, um die Show zu verkaufen. Ich stand noch so unter dem Eindruck des Vorgefallenen, daß ich immer wieder zur Tür blickte, um zu sehen, ob man mir gefolgt war. Die Leute neben mir begannen ebenfalls die Köpfe zu drehen, mit dieser nicht zu unterdrückenden Neugier, die fast ein Gesetz des menschlichen Verhaltens ist, wie man es auch auf der Straße feststellen kann, wenn jemand zum Himmel guckt und die Menge schließlich ebenfalls stehen bleibt und zu sehen versucht, was der andere sieht. Aber hier gab es zweifellos einen zusätzlichen Grund. Alles in diesem Raum war unwirklich. Das Dekor, die Lichter, überhaupt die Kombination aus Kino und *Striptease*, und vor allem die Zuschauer – ausnahmslos Männer –, die alle aussahen, als seien sie von wer-weiß-woher geflüchtet. Alle wirkten wie Leute, die sich verstecken, und ich erst recht. Jeder beliebige Polizist hätte uns – zu Recht oder zu Unrecht – für eine Versammlung von Verdächtigen gehalten. Der Eindruck, daß es sich bei dieser Show um etwas Verbotenes handele, wurde von den Veranstaltern noch betont, besonders von dem Conferencier, der den Auftritt der Revuegirls ankündigte, als ginge es um kulinarische Köstlichkeiten. Und nachdem er sie inständig gebeten hatte, erschienen jene Damen dann auch auf der Bühne, und zwar noch nackter, als sie zur Welt gekommen waren, denn sie hatten sich den

Körper geschminkt, um Reize vorzutäuschen, die sie nicht besaßen. Nach diesem Auftakt blieb eine Brünette mit astronomischen Rundungen auf der Bühne zurück. Sie wiegte sich in den Hüften und bewegte die Lippen, als sänge sie ein Lied von Rocío Jurado, das in voller Lautstärke von einer Schallplatte ablief. Es war genügend Zeit vergangen, so daß ich es wagen konnte, den Saal zu verlassen, als sie, ein Mikrophon mit langem Kabel in der Hand, von der Bühne stieg und mit dreister Koketterie anfing, Fragen zu stellen. Ich wartete auf eine günstige Gelegenheit, um zu gehen, doch da fühlte ich, wie ich von einem Scheinwerfer angestrahlt wurde und hörte gleich darauf die vulgäre Stimme der falschen Rocío:

»Ja wie wär's denn mit Ihnen, *caballero*, Sie da mit der eleganten Glatze.«

Das war natürlich nicht ich, sondern der andere, aber unglücklicherweise mußte ich für ihn antworten. Die Sängerin zog das Mikrophonkabel hinter sich her, kam auf mich zu und hauchte mich von so nah an, daß ich die Zwiebeln in ihrem Atem riechen konnte.

»Wie finden Sie meine Hüften?«

»Sehr schön«, sagte ich in das Mikrophon. »Was soll ich dazu sagen.«

Dann drehte sie sich um und wackelte unmittelbar vor meinem Gesicht mit dem Hintern.

»Und meinen Hintern, *caballero*, wie finden Sie den?«

»Großartig«, antwortete ich. »Was glauben Sie denn.«

Jedesmal, wenn ich geantwortet hatte, dröhnten aus den Lautsprechern, wie in den kindischen Komödien im nordamerikanischen Fernsehen, Lachsalven vom Band. Der Trick war unerläßlich, da niemand im Saal lachte. Vielmehr sah man jedem an, daß er sich am liebsten verkrochen hätte. Die Sängerin kam noch näher an mich heran und wand sich weiter unmittelbar vor meinem Gesicht, damit ich das echte Muttermal auf einer ihrer Hinterbacken sehen konnte, das schwarz und behaart war wie eine Spinne.

»Gefällt ihnen mein Schönheitsfleck, *caballero*?«

Nach jeder Frage hielt sie mir das Mikrophon vor den Mund, damit meine Antwort besser zu hören war.

»Aber sicher«, sagte ich, »das ist alles sehr hübsch.«

»Und was würden Sie mit mir machen, *caballero*, wenn ich Ihnen vorschlagen würde, eine Nacht in meinem Bett zu verbringen? Na los, erzählen Sie mir alles.«

»Hören Sie, ich weiß nicht, was ich Ihnen sagen soll«, antwortete ich, »ich würde Sie sehr lieben.«

Diese Quälerei hörte einfach nicht auf. Außerdem hatte ich in meiner Verwirrung vergessen, wie ein Uruguayer zu sprechen, und ich wollte den Fehler in letzter Minute korrigieren. Sie ahmte meinen undefinierbaren Akzent nach, als sie mich fragte, woher ich denn käme. Ich sagte es ihr, und sie rief:

»Die Uruguayer sind sehr gut im Bett. Sie etwa nicht?«

Mir blieb nichts anderes übrig, als den Griesgram zu spielen.

»Bitte,« sagte ich zu ihr, »fragen Sie mich nichts mehr.«

Da merkte sie, daß mit mir nichts anzufangen war, und suchte sich einen anderen Gesprächspartner. Sobald ich den Eindruck hatte, daß es nicht weiter auffiele, wenn ich ginge, verließ ich in aller Eile den Saal und lief ins Hotel zurück. Ich war zunehmend besorgt, daß nichts von dem, was sich an diesem Abend ereignet hatte, zufällig war.

8
Achtung: Ein General ist bereit,
alles zu erzählen

Parallel zu Elenas Kontakten hatte ich Verbindung mit einigen früheren Freunden aufgenommen, die mir dabei halfen, die chilenischen Kamerateams zusammenzustellen, und dafür sorgten, daß wir uns in den *poblaciones* völlig frei bewegen konnten. Die erste, die ich aufsuchte, als ich aus Concepción zurückkehrte, war Eloísa, die elegante und schöne Frau eines Industriellen. Sie stellte mich ihrer Schwiegermutter vor, einer über siebzigjährigen Witwe, einer mutigen und phantasievollen Frau, die sich die Einsamkeit damit vertrieb, daß sie Fernsehserien verschlang und davon träumte, im wirklichen Leben die Heldin verwegener Abenteuer zu sein.

Eloísa und ich hatten an der Universität politisch zusammengearbeitet, und unsere Freundschaft war während der letzten Wahlkampagne von Salvador Allende noch enger geworden – da waren wir in der Abteilung für Öffentlichkeitsarbeit zusammen gewesen. Wenige Tage nach meiner Ankunft hatte ich durch Zufall erfahren, daß sie eine wichtige Rolle in einer Werbefirma spielte, und ich hatte der Versuchung nicht widerstehen können, sie anonym anzurufen, um sicher zu sein, daß sie es wirklich war. Die gelassene und entschlossene Stimme, die mir antwortete, schien tatsächlich ihr zu gehören, aber irgend etwas in ihrer Diktion klang weniger überzeugend. Deshalb postierte ich mich am selben Nachmittag in einer Cafeteria in der Calles Huérfano, von wo aus ich sie sehen konnte, wenn sie ihr Büro verließ. Sie war es. Man merkte ihr die zwölf Jahre nicht an, die wir beide älter geworden waren, und außerdem war sie noch eleganter und schöner als je zuvor. Ich bemerkte außerdem, daß sie keinen uniformierten Chauffeur hatte, wie man es von der Ehefrau eines einflußreichen Unternehmers erwartet hätte, sondern selbst am Steuer eines platinschimmernden BMW 635 saß. Also schickte ich ihr per Post einen einzigen Satz: »Antonio ist hier und möchte Dich sehen.« Das war der falsche Name, unter dem sie mich während der politischen Kämpfe an der Universität kennengelernt hatte, und ich war sicher, daß sie sich daran erinnern würde.

Ich irrte mich nicht. Am nächsten Tag bog der silberfarbene Haifisch um die Ecke von Apoquindo, gegenüber der Renault-Niederlassung. Ich sprang in den Wagen und schloß die Tür, und sie war verblüfft, bis sie mich an meinem Lachen wiedererkannte.

»Du bist verrückt!« sagte sie.

»Hast du daran gezweifelt?« antwortete ich.

Wir wollten in demselben Gasthaus zu Mittag essen, in dem ich am ersten Tag allein gewesen war, aber wir fanden die Türen mit gekreuzten Brettern zugenagelt und ein Schild, das wie ein Grabspruch wirkte: *Für immer geschlossen.* Also fuhren wir in ein französisches Restaurant in der Nähe, das ich kannte. Seinen Namen habe ich vergessen, aber es ist gemütlich, man wird gut bedient, und es liegt gegenüber von dem elegantesten und bekanntesten Motel der Stadt. Eloísa machte sich einen Spaß daraus, die Fahrzeuge der Gäste zu identifizieren, die es vorzogen, sich zu lieben, während wir zu Mittag aßen, und ich wurde nicht müde, ihren klugen Humor zu bewundern.

Ich kam zur Sache. Vorbehaltlos erzählte ich ihr von dem Grund für meine illegale Anwesenheit und bat sie, mir behilflich zu sein, einige Kontakte zu knüpfen, die für eine Frau wie sie möglicherweise weniger riskant waren, da sie durch die Privilegien ihrer Klasse geschützt war. Zu diesem Zeitpunkt hatten wir noch keine Möglichkeit gefunden, in den *poblaciones* zu drehen, da uns gute politische Beziehungen fehlten, und ich hoffte, daß Eloísa mir helfen könnte, einige gemeinsame Freunde aus den Jahren der Unidad Popular wiederzufinden, die für mich in der Dunkelheit der Illegalität unerreichbar waren.

Sie stimmte nicht nur begeistert zu, sondern begleitete mich auch an drei Abenden hintereinander zu geheimen Sitzungen in Stadtvierteln, wo es ungefährlicher war, mit einem so respekteinflößenden Auto wie dem ihrem vorzufahren.

»Niemand kann sich vorstellen, daß in einem BMW 635 ein Feind der Diktatur sitzen könnte«, sagte sie begeistert.

Allein aus diesem Grund wurde ich an jenem Abend nicht verhaftet, als Eloísa und ich während einer Geheimsitzung von einem der vielen Stromausfälle überrascht wurden, die die Widerstandsbewegung zu jener Zeit herbeiführte. Die Verantwortlichen der Sitzung hatten mich bereits vorgewarnt. Zunächst sollte es einen vierzigminütigen Stromausfall geben, dann einen weiteren von einer Stunde, und schließlich solle ganz Santiago zwei oder drei Tage lang ohne Licht bleiben. Die Versammlung war sehr früh anberaumt worden, denn die Ordnungskräfte befanden sich während der Stromausfälle in einem fast hysterischen Zustand von Nervosität, und die Straßenrazzien waren brutal und machten keinerlei Unterschiede. Und danach begann dann die Ausgangssperre. Aber aus irgendwelchen Gründen war jedem von uns in letzter Minute etwas dazwischengekommen, und wir hatten das Hauptgespräch noch nicht beendet, als zum ersten Mal der Strom ausfiel.

Die politisch Verantwortlichen der Sitzung entschieden, daß Eloísa und ich gehen sollten, sobald das Licht wiederkäme, und daß die anderen danach getrennt den Raum verlassen sollten. So wurde es gemacht. Sobald der Strom wiederkam, entfernten wir uns über eine ungepflasterte Straße, die an einem Berghang entlangführte. Hinter einer Kurve tauchten plötzlich mehrere Kombis der CNI vor uns auf, die an beiden

Straßenrändern standen und auf diese Weise eine Art Tunnel bildeten. Polizisten in Zivil waren mit Maschinenpistolen bewaffnet. Eloísa wollte anhalten, aber ich hinderte sie daran. »Aber man muß anhalten«, sagte sie.

»Fahr weiter«, antwortete ich, »werd nicht nervös, sprich weiter, lach weiter und halt nicht an, solange sie es dir nicht befehlen. Meine Papiere sind in Ordnung.«

Ich hatte es noch nicht ganz ausgesprochen, als ich an meine Jackentasche griff und mir das Blut in den Adern erstarrte. Ich hatte die Brieftasche mit meinem Ausweis nicht dabei. Einer der Männer stellte sich uns mit erhobenem Arm in den Weg, und Eloísa mußte anhalten. Er leuchtete uns mit einer Taschenlampe ins Gesicht, ließ den Lichtstrahl durch das Innere des Wagens gleiten und uns dann wortlos passieren. Eloísa hatte recht: In einem Auto wie dem ihren konnte man unmöglich eine politische Gefahr wittern.

Eine Großmutter mit Fallschirm

In jenen Tagen lernte ich ihre Schwiegermutter kennen, und nach dem ersten Besuch beschlossen wir, sie aufgrund einer Kette von Assoziationen, die wir nie entschlüsseln konnten, Clemencia Isaura zu nennen. Wir platzten unangemeldet nachmittags um fünf Uhr in ihr prächtiges Haus Nummer 727 irgendwo im Barrio Alto herein, als sie gerade mit dem ihr eigenen unerschütterlichen Gleichmut eine Tasse Tee und englisches Gebäck zu sich nahm, während Gewehrsalven durch den Salon hallten und sich der Fernsehschirm mit Blut füllte. Sie trug ein Modellkleid, Hut und Handschuhe, denn obwohl sie allein lebt, pflegt sie pünklich um fünf Uhr in einer Aufmachung Tee zu trinken, als sei sie auf einer Geburtstagsfeier. Allerdings paßten diese Gewohnheiten wie aus einem englischen Roman nicht besonders zu ihrer Persönlichkeit, denn sie hatte, als sie bereits verheiratet und mehrfache Mutter war, in Kanada Segelflugzeuge geflogen und sich einen Namen als Fallschirmspringerin gemacht.

Als sie erfuhr, daß wir sie wegen einer illegalen, wichtigen und außerdem gefährlichen Angelegenheit aufsuchten, sagte sie zu mir:

»Was für eine gute Idee, denn das Leben hier ist derart langweilig, daß man sich ankleidet, herrichtet und schön macht, ohne zu wissen wofür.« Unsere Bitte, sie solle mir helfen, fünf Personen in schwer zugänglichen Stadtvierteln ausfindig zu machen, bereitete ihr eine gewisse Enttäuschung.

»Wenn es wenigstens darum ginge, Bomben zu legen!« sagte sie.

Ich wollte diese fünf Männer nicht über die üblichen Kanäle der Widerstandsorganisationen suchen. Alle hatten schon vor der Unidad Popular mit mir zusammengearbeitet. Keiner der fünf war ins Exil gegangen. Einer von ihnen hatte Ely am Tag des Militärputsches benachrichtigt, daß man mich gegenüber dem Gebäude der *Chile Films* erschossen hätte. Ein anderer war während des ersten Jahres der Diktatur in einem Konzentrationslager gewesen und lebte später wieder in Santiago, wo er nach außen hin ein normales Leben führte, tatsächlich aber unermüdlich politisch arbeitete. Ein anderer war eine Zeitlang in Mexiko gewesen, hatte dort Kontakte mit den Exilchilenen und war dann mit legalen Papieren nach Chile zurückgekehrt, um im Widerstand zu arbeiten. Ein anderer hatte mit mir in der Theaterschule und später auch für Film und Fernsehen zusammengearbeitet, und heute ist er ein aktiver Arbeitervertreter. Ein anderer war zwei Jahre lang in Italien gewesen und ist zur Zeit Lastwagenfahrer, was ihm erlaubt, gute Koordinierungsarbeit zu leisten. Die fünf haben ihre Wohnungen, ihre Berufe und ihre Identität gewechselt, und ich hatte keinerlei Anhaltspunkte, sie zu finden. Es gibt mehr als Tausend Chilenen, die so leben und unter anderer Identität als vor 1973 im Widerstand arbeiten, und es war nun Clemencia Isauras Aufgabe, das Ende jenes Fadens zu finden, der zum Knäuel führte.

Außerdem waren die vorbereitenden Kontakte, die sie knüpfen würde, unersetzlich, denn auf diese Weise ließ sich einschätzen, in welcher Stimmung meine alten Freunde waren, bevor wir ihnen enthüllten, daß ich in Chile war und sie um Hilfe bat. Ich weiß nicht im einzelnen, wie sie es geschafft hat. Vor meiner Abreise war kaum Zeit, uns in Ruhe zu sehen, und ich stellte ihr nicht viele konkrete Fragen, denn damals hatte ich noch nicht daran gedacht, ihr Abenteuer in diesem Buch zu erzählen. Sie sagte mir lediglich, daß sie im Fernsehen nie einen so aufregenden Film gesehen hätte wie den, den sie erlebt hatte. Ich weiß, daß sie tagelang durch die Elendsviertel gelaufen sein und, von den wenigen losen Fäden ausgehend, die ich in meiner Erinnerung wiedergefunden hatte, hier gefragt und dort nachgeforscht haben muß. Ich hatte ihr geraten, sich so zu kleiden, daß man sie für arm hielte, aber sie hörte nicht auf mich. In einer Aufmachung, als wollte sie Tee trinken und englisches Gebäck knabbern, ging sie über die unwegsamsten Pfade der Hinterhöfe von Santiago. Wer unversehens von einer stolzen alten Dame angesprochen wurde, die mit verdächtiger Neugier nach ungenauen Adressen fragte, muß ziemlich überrascht gewesen sein. Aber ihr unwiderstehlich sympathisches Wesen und ihre menschliche Wärme flößten unmittelbar Vertrauen ein. Tatsache ist, daß sie nach einer Woche drei der verlorenen Freunde gefunden hatte und für sie in Nummer 727 ein Essen gab – ein Galadiner hätte nicht besser und feierlicher sein können. Auf diese Weise entstand das erste chilenische Filmteam und ergaben sich alle Kontakte, um in den *poblaciones* zu drehen. Die unvergeßliche Protagonistin der nun folgenden Koordinierungsphase war eine bewunderungswürdige, kleine, bescheidene und fast unsichtbare Frau, deren unerhörter Fleiß und Sinn für illegale Organisation es möglich machten, daß während der Dreharbeiten in den *poblaciones* nicht ein einziges Hindernis auftauchte. Der Name, den wir ihr gaben, übrigens der einzige, den wir kannten, beschrieb ihre Erscheinung und war zugleich eine Würdigung ihres Muts: »die unbesiegbare kleine Ameise«.

Die lange Suche nach General Electric

Während Clemencia Isaura arbeitete, nutzte ich die drehfreien Stunden, um mit Eloísas Hilfe Kontakte auf höherer Ebene zu knüpfen. Eines Abends waren wir in einem Luxusrestaurant und warteten auf einen Emissär, der selbstverständlich niemals auftauchte, als zwei Generäle mit ordengeschmückter Brust eintraten. Eloísa begrüßte sie von weitem mit einer so familiären Handbewegung, daß mich dunkle Ahnungen überfielen. Einer der beiden kam an unseren Tisch und unterhielt sich einige Minuten im Stehen mit Eloísa über Gesellschaftstratsch, ohne mich auch nur eines Blickes zu würdigen. Ich konnte seinen Rang nicht feststellen, da ich nie den Unterschied zwischen Sternen für Generäle und denen für Hotels gelernt hatte. Als er an seinen Tisch zurückkehrte, senkte sie die Stimme und erzählte mir zum ersten Mal von ihren guten Beziehungen zu einigen hochgestellten Militärs, die sie durch ihre Arbeit zu treffen pflegte.

Ihrer Meinung nach gab es vor allem einen Grund, weshalb Pinochet sich noch an der Macht befand; er hatte nämlich die Offiziere seiner Generation aus dem Dienst entfernt und sie durch ein Oberkommando aus jungen Offizieren ersetzt, die immer sehr viel niedrigere Ränge als er bekleidet hatten, nicht mit ihm befreundet waren, ihn kaum kannten und von denen die meisten ihm mit bedingungsloser Ergebenheit gehorchten. Aber gleichzeitig sei dies die verwundbarste Stelle seiner Politik, denn viele der jungen Offiziere seien der Meinung, daß man sie weder beschuldigen könne, die Macht an sich gerissen zu haben, noch für die Ermordung von Präsident Allende und die barbarischen Jahre der blutigen Unterdrükkung verantwortlich zu sein. Sie glaubten, daß ihre Hände sauber seien und hielten sich daher für prädestiniert, mit den Zivilisten über eine unblutige Rückkehr zur Demokratie zu verhandeln. Als sie mein erstauntes Gesicht sah, ging Eloísa sogar noch weiter: Sie kannte mindestens einen General, der bereit war, öffentlich die tiefen Risse innerhalb der Streitkräfte zu enthüllen.

»Er ist geradezu versessen darauf zu reden«, sagte sie.

Die Nachricht brachte mich völlig durcheinander. Die Aussicht, eine solche spektakuläre Aussage in meinen Film aufzunehmen, veränderte die Perspektive der nächsten Tage völlig. Unglücklicherweise konnte Eloísa nicht das Risiko auf sich nehmen, den ersten Kontakt herzustellen, und sie hätte auch keine Zeit dazu gehabt, es zu versuchen, denn zwei Tage später reiste sie mit ihrem Mann für drei Monate nach Europa. Trotzdem ließ mich Clemencia Isaura einige Tage später dringend zu sich rufen, und übergab mir den Geheimschlüssel, den ihr jemand auf Bitten von Eloísa zugespielt hatte, damit ich den unzufriedenen General treffen konnte. Wir hatten ihn bereits auf den Namen »General Electric« getauft. Ich bekam von Clemencia ein ganz kleines elektronisches Spielbrett, auf dem man mit sich allein Schach spielen konnte, und mit dem ich am folgenden Tag ab fünf Uhr nachmittags in die San Francisco-Kirche gehen sollte.

Ich erinnere mich nicht, wie lange ich schon keine Kirche mehr betreten hatte. Mir fiel besonders auf, daß sehr viele Frauen und Männer dort Zeitungen oder Zeitschriften lasen, allein spielten oder sich mit Kinderspielen wie Katz und Maus beschäftigten. Erst da verstand ich, warum Eloísa mich mit einem elektronischen Schachspiel hierhergeschickt hatte, einem Gegenstand, der mir zunächst ziemlich ungeeignet schien, um in einer Kirche nicht aufzufallen. Im Halbdunkel der Abenddämmerung waren die Leute ebenso schweigsam und in sich gekehrt, wie am Abend meiner Ankunft. Tatsächlich waren die Chilenen auch vor der Regierungszeit der Unidad Popular so gewesen. Die große Veränderung hatte stattgefunden, als die Kandidatur Allendes sicher war und abzusehen, daß er gewinnen konnte. Sein Sieg verwandelte uns schlagartig in ein anderes Land: Wir sangen auf den Straßen, malten die Häuserwände an, spielten Theater und führten Filme unter freiem Himmel vor, und alle Welt wirbelte in den Massendemonstrationen durcheinander, bei denen jeder seiner Lebensfreude Luft machte.

Ich hatte zwei Tage hintereinander gewartet und mit meinem anderen uruguayischen Ich Schach gespielt, als ich hinter mir das Flüstern einer Frau hörte. Ich saß auf der Bank, und sie hatte sich in die Reihe hinter mir gekniet, so daß sie mir fast direkt ins Ohr sprach.

»Sehen Sie nicht auf und sagen Sie kein Wort«, murmelte sie mit Beichtstuhlstimme. »Merken Sie sich die Telefonnummer und das Codewort, das ich Ihnen sage, und verlassen Sie die Kirche frühestens fünfzehn Minuten nach mir.«

Erst als sie aufstand und sich zum Hochaltar wandte, sah ich, daß es eine junge und sehr schöne Nonne war. Ich mußte nur das Codewort behalten, denn die Telefonnummer hatte ich mit den Bauern auf dem Spielfeld markiert. Es war anzunehmen, daß dies der Weg war, der mich zu General Electric führen würde. Immerhin, die Karten waren jetzt anders verteilt. In den folgenden Tagen rief ich gewissenhaft und mit wachsender Unruhe unter der angegebenen Telefonnummer an und erhielt immer dieselbe Antwort: »Morgen«.

Als ich am wenigsten damit rechnete, überraschte mich Jean-Claude mit einer schlechten Nachricht. Eine in Paris veröffentlichte Depesche von Agence France Presse aus Santiago vom Samstag der vergangenen Woche berichtete, daß drei Mitglieder eines italienischen Filmteams, die in Chile unter unsicheren Bedingungen arbeiteten, von der Polizei festgenommen worden seien, als sie ohne Drehgenehmigung in der *población* La Legua filmten.

Franquie war der Meinung, wir seien auf Grund gelaufen. Ich versuchte, das Problem gelassener anzugehen. Jean-Claude wußte nicht, daß außer seinem noch andere Kamerateams mit mir arbeiteten, ebensowenig wie die anderen wußten, daß es ein französisches Kamerateam gab, und er war eher aus Gründen der Analogie beunruhigt: Wenn jemand, der unter denselben Bedingungen wie er arbeitete, festgenommen wurde, so lief er Gefahr, daß ihm dasselbe passierte. Ich versuchte, ihn zu beruhigen.

»Mach dir keine Sorgen«, sagte ich zu ihm, »das alles hat nichts mit uns zu tun.«

Sobald ich wieder allein war, suchte ich die Italiener und fand sie gesund und munter da, wo sie hingehörten. Grazia war aus Europa zurückgekehrt und arbeitete wieder mit dem Team. Immerhin bestätigte mir Ugo, daß die Nachricht auch in Italien veröffentlicht worden sei, obwohl die italienische Agentur sie dementiert habe. Unglücklicherweise waren in der falschen Nachricht, die sich in Windeseile verbreitet hatte, die Namen genannt worden. Das war nichts Ungewöhnliches. Santiago unter der Diktatur ist eine Gerüchteküche. Gerüchte entstehen, vervielfältigen sich und lösen sich blitzschnell wieder auf, und das mehrmals am Tag, aber immer ist ein Körnchen Wahrheit daran. Die Nachricht über die Italiener stellte keine Ausnahme dar. Auf einem Empfang der italienischen Botschaft am Abend zuvor war so viel darüber geredet worden, daß die Mitglieder des Teams bei ihrem Eintreffen von niemand geringerem als dem Leiter der Dirección General de Comunicaciones* (DINACO) empfangen wurden, der unüberhörbar für alle Anwesenden erklärte:

»Sehen Sie? Hier haben Sie unsere drei Gefangenen.«

Bevor sie von der Existenz des Telegramms erfuhr, hatte Grazia den Eindruck gehabt, daß man sie verfolgte. Als sie schließlich nach dem Botschaftsempfang ins Hotel zurückkehrte, kam es ihr vor, als hätte jemand die Koffer und die Papiere in ihren Zimmern durchwühlt, aber es fehlte nichts. Der Eindruck konnte durch die Aufregung entstanden sein, aber die Durchsuchung konnte ebensogut eine Warnung sein. In jedem Fall ließen genügend Gründe annehmen, daß irgend etwas im Gange war.

In dieser Nacht schlief ich nicht und schrieb einen Brief an den Präsidenten des Obersten Gerichtshofs, in dem ich meine illegale Repatriierung enthüllte; ich wollte den Brief für den Fall meiner Verhaftung bereit haben. Das geschah nicht aufgrund einer plötzlichen Eingebung, sondern war das Ergebnis langer Überlegungen, die immer drängender wurden, je enger sich der Kreis zusammenzog. Anfangs plante ich nur einen einzigen dramatischen Satz, wie die Botschaften, die die Schiffbrüchigen in einer Flasche ins Meer werfen. Aber als ich dann den Brief schrieb, wurde mir klar, daß ich meine Aktion politisch und menschlich rechtfertigen mußte, denn in gewisser Hinsicht mußte ich das Gefühl Tausender und Abertausender von Chilenen ausdrücken, die wie ich die Pest der Verbannung ertrugen. Ich begann viele Male, zerriß viele korrigierte Blätter, in jenem düsteren Hotelzimmer eingeschlossen, das in jeder Hinsicht das Zimmer eines Exilierten

* Generaldirektion des Nachrichtenwesens. (Anm. d. Übers.)

im eigenen Land war. Als ich endlich fertig war, hatten die Kirchenglocken, die zur Messe riefen, längst die Stille der Ausgangssperre zerrissen, und die ersten Lichtstrahlen drangen mühsam durch die Nebelschwaden jenes unvergeßlichen Herbstes.

9
Nicht einmal meine Mutter erkennt
mich wieder

In der Tat gab es genügend Hinweise, die vermuten ließen, daß die Polizei sowohl über meinen Aufenthalt in Chile informiert war, als auch über die Art der Arbeit, die wir machten. Wir waren seit fast einem Monat in Santiago, die Teams waren öfter als ratsam in der Öffentlichkeit gesehen worden, wir hatten Kontakte zu sehr unterschiedlichen Leuten aufgenommen, und viele Leute wußten, daß dieser Film unter meiner Regie gedreht wurde. Ich hatte mich so an meine neue Identität gewöhnt, daß ich immer wieder vergaß, mit uruguayschem Akzent zu sprechen, und im wirklichen Leben verhielt ich mich nicht mehr wie ein allzu vorsichtiger Illegaler.

Anfangs führten wir unsere Treffen in Autos durch, die ziellos durch die Stadt fuhren und die wir alle vier oder fünf Straßen wechselten. Diese Methode war so kompliziert, daß wir manchmal größere Risiken auf uns nahmen als jene, die wir vermeiden wollten. Tatsächlich stieg ich eines Abends aus einem Auto an der Ecke Providencia und Los Leones aus, wo mich fünf Minuten später ein blauer Renault abholen sollte, der ein Schild mit der Aufschrift »Tierschutzverein« an der Windschutzscheibe haben würde. Er kam so pünktlich, war so eindeutig ein Renault 12 und so strahlend blau, daß ich nicht mehr auf das Schild vom Tierschutzverein achtete. Ich stieg hinten ein, wo bereits eine aufreizend nach Parfüm duftende und mit Juwelen behängte reifere, aber noch sehr schöne Dame in einem roséfarbenen Nerzmantel saß, der zwei- bis dreimal so teuer gewesen sein dürfte wie das ganze Auto. Ein unverwechselbares, wenn auch nicht sehr verbreitetes Exemplar aus dem Barrio Alto, dem vornehmen Wohnviertel von Santiago. Sie riß Mund und Augen vor Erstaunen auf, als sie mich einsteigen sah, aber ich beeilte mich, sie mit dem Codewort zu beruhigen:

»Wo kann ich um diese Uhrzeit einen Regenschirm kaufen?«
Der livrierte Chauffeur wandte sich zu mir um und knurrte mich an:

»Steigen Sie aus, oder ich rufe die Polizei.«
Ich erfaßte mit einem Blick, daß das Pappschild nicht an der Windschutzscheibe steckte, und ich fühlte im Magen schmerzhaft einen Lachkrampf aufsteigen. »Entschuldigung«, sagte ich, »ich habe mich im Auto geirrt.« Aber die Frau hatte sich wieder gefangen. Sie hielt mich am Arm zurück und beschwichtigte den Fahrer mit einer süßen Sopranstimme.

»Ob das Kaufhaus Paris noch geöffnet ist?« fragte sie ihn.
Der Chauffeur hielt das für möglich. Also setzte sie durch, daß ich dorthin gebracht wurde, damit ich einen Regenschirm kaufen konnte. Sie war nicht nur schön, sondern auch charmant und warmherzig, und sie konnte einem Lust machen, eine Nacht lang die Repressionen, die Politik und die Kunst zu vergessen, um mit ihr in dieser von ihr durchdrungenen Atmosphäre zu versinken. Sie setzte mich am Eingang des Kaufhauses Paris ab und entschuldigte sich nochmals, daß sie mich nicht begleiten könne, um den Regenschirm zu kaufen, aber sie hätte sich bereits um eine halbe Stunde verspätet, und sie müsse ihren Mann abholen und zum Konzert eines weltberühmten Pianisten fahren, dessen Namen mir entfallen ist.

Es waren die üblichen Risiken. Von Mal zu Mal benutzten wir bei unseren geheimen Treffen weniger verschlüsselte Erkennungssätze. Wir freundeten uns sofort nach der Begrüßung mit den Emissären an; wir kamen nicht unmittelbar zum Thema, verbrachten Zeit damit, die politische Situation zu kommentieren, sprachen über das Neueste aus Film und

Literatur, über gemeinsame Freunde, die ich gern sehen wollte, obwohl man mich davor gewarnt hatte, dieser Versuchung nachzugeben. Um vielleicht möglichst harmlos zu wirken, brachte ein Kontaktmann eines seiner Kinder zu einem Treffen mit, das sich fast vor Aufregung verschluckte, als es mich fragte: »Bist du das, der einen Film über Superman dreht?« So begriff ich allmählich, daß man versteckt in Chile leben konnte, so wie Hunderte von Exilierten, die inkognito zurückkehrten und ihr Leben dort lebten, ohne die Spannung, die ich zu Anfang verspürt hatte. Hätte ich mich nicht verpflichtet, diesen Film zu machen – eine Verpflichtung nicht nur gegenüber meinem Land und meinen Freunden, sondern auch mir selbst gegenüber – hätte ich den Beruf gewechselt und wäre mit meinem alten Gesicht in Santiago geblieben.

Aber ein Minimum an Besonnenheit zwang mich, angesichts des Verdachts, daß uns die Polizei auf der Spur war, anders zu handeln. Die Dreharbeiten im Moneda-Palast standen noch aus, und die Genehmigung dazu wurde aus unverständlichen Gründen immer wieder verschoben. Auch die Dreharbeiten in Puerto Montt und im Gebiet vom Valle Central waren noch nicht beendet, ganz abgesehen von der unvorstellbaren Chance, General Electric zu interviewen. Andererseits wollte ich die Dreharbeiten im Valle Central persönlich durchführen, da ich in dieser Gegend geboren bin und dort meine Jugend verbracht habe. Meine Mutter lebt dort noch in dem armen Dörfchen Padilla, aber man hatte mich hauptsächlich aus Sicherheitsgründen nachdrücklich vor dem Versuch gewarnt, sie während dieser Reise zu besuchen.

Ich organisierte zunächst einmal die Arbeit der ausländischen Filmteams neu, damit sie unter möglichst geringen Risiken ihre Arbeit schnellstens würden beenden und sofort in ihre Länder zurückkehren können. Nur die Italiener blieben in Santiago, um uns bei den Dreharbeiten im Moneda-Palast zu

begleiten. Das französische Team sollte nach Paris zurück-
fliegen, sobald der »Hungermarsch« gedreht war, der für die
nächsten Tage angekündigt war.

Das holländische Team erwartete mich in Puerto Montt,
damit wir in unmittelbarer Nähe des Polarkreises drehen
konnten; es sollte das Land danach sofort über den Grenz-
übergang Bariloche verlassen und nach Argentinien fahren.
Sobald sich die drei Teams außer Landes befänden, wären
achtzig Prozent des Films fertig, und das entwickelte Material
befände sich an einem sicheren Ort: in Madrid. Ely hatte ihre
Aufgabe so erfolgreich durchgeführt, daß der Film zum
Schnitt fertig war, als ich nach Spanien kam.

»Littín kam, drehte und verschwand«

Angesichts der unsicheren Lage jener Tage schien es ratsam,
daß Franquie und ich eine falsche Ausreise inszenierten, um
anschließend unter noch größeren Vorsichtsmaßnahmen wieder einzureisen. Die Reise nach Puerto Montt war dazu eine
ideale Gelegenheit, denn man konnte die Stadt ebensogut von
Chile wie von Argentinien aus erreichen. Und so machten wir
es auch. Ich bat das holländische Team, dort auf mich zu
warten, bestellte eins der chilenischen Teams für drei Tage
später in das Tal von Colchagua in Mittelchile, und nahm mit
Franquie das Flugzeug nach Buenos Aires. Wenige Stunden
zuvor hatte ich, ohne mich zunächst zu erkennen zu geben,
bei der Zeitschrift *Análisis* angerufen und der Journalistin
Patricia Collier ein ausführliches Interview über meinen illegalen Aufenthalt in Santiago gegeben. Tatsächlich erschien
die Zeitschrift zwei Tage später mit meinem Foto auf der
Titelseite und einer Schlagzeile mit einer Spur römischer
Ironie: *Littín kam, drehte und verschwand.*

Damit alles noch echter wirkte, fuhr Clemencia Isaura Fran-

quie und mich in ihrem eigenen Wagen zum Flughafen Pu-
duahel und verabschiedete uns dort unter gut gespielten
Tränen und Küssen. Wir reisten so auffällig wie nur möglich,
aber unmittelbar unter den Augen des Sicherheitsdienstes der
Widerstandsorganisationen ab, die sofort Alarm gegeben hätten, wenn man uns verhaftet hätte. Vor allem wurde uns auf
diese Weise bestätigt, daß unsere Namen am Flughafen nicht
registriert waren, und wir bekamen einen Ausreisestempel.
Im Fall einer nachträglichen Untersuchung würde die Polizei
glauben, daß wir das Land bereits verlassen hätten.
In Buenos Aires wies ich mich mit meinem eigenen Paß aus,
um in einem befreundeten Land keine illegale Handlung zu
begehen. Doch in dem Moment, als ich den Paß am Einreise-
schalter vorzeigte, stand ich vor einem unvorhergesehenen
Problem, weil mir das vor meiner Metamorphose aufgenom-
mene Foto in meinem authentischen Paß kaum noch ähnlich
sah. Es war schwer, mich mit den gezupften Augenbrauen,
der betonten Glatze und den dicken Brillengläsern wiederzu-
erkennen. Man hatte mich außerdem beizeiten darauf aufmerksam gemacht, daß es ebenso schwierig sei, eine andere
Person zu verkörpern, wie anschließend die eigene Identität
wiederzufinden, aber ausgerechnet in jenem Augenblick, als
ich dies unbedingt hätte berücksichtigen müssen, hatte ich es
vollkommen vergessen. Glücklicherweise blickte mich der
argentinische Beamte nicht an, und so überstand ich das stille
Drama, nicht einmal dann ich selbst sein zu können, wenn ich
es wirklich war.
Von Buenos Aires aus sollte Franquie mit Ely eine ganze
Reihe von Einzelheiten der Arbeit telefonisch nach meinen
Anweisungen koordinieren sowie das Geld abholen, das sie
von Madrid aus geschickt hatte, um die restlichen Ausgaben
zu decken. Also trennen wir uns in Buenos Aires, um uns
später in Santiago wiederzutreffen. Ich flog nach Mendoza,
immer auf argentinischem Territorium, um einige Aufnah-

men von der chilenischen Kordillere zu machen. Das war sehr einfach, denn von Mendoza aus kommt man durch einen Tunnel nach Chile, der nicht besonders streng kontrolliert wird. Ich ging zu Fuß über die Grenze, allein und mit einer leichten 16-mm-Kamera, filmte auf der anderen Seite, was zu filmen war, und fuhr in einem Auto der chilenischen Polizei wieder zurück: Der Fahrer hatte sich eines armen uruguayischen Journalisten erbarmt, der nicht wußte, wie er wieder nach Argentinien zurückkommen sollte.

Von Mendoza ging es weiter nach Bariloche, einer anderen Grenzstadt weiter im Süden. Ein altersschwaches Schiff, vollgestopft mit argentinischen, uruguayischen und brasilianischen Touristen sowie Chilenen auf der Rückreise, brachte uns von dort bei stürmischer See quer durch eine gleißende Polarlandschaft mit gigantischen Abgründen aus ewigem Eis zurück zur chilenischen Grenze. Den letzen Abschnitt bis Puerto Montt legten wir auf einer Fähre mit zerbrochenen Fensterscheiben zurück, durch die mit Wolfsheulen der Polarwind drang; nirgends fand man Schutz vor der schrecklichen Kälte, und es gab weder zu essen noch zu trinken, nicht einmal einen Kaffee oder ein Glas Wein, nichts. Aber ich hatte richtig kalkuliert. Da meine Ausreise aus Chile von der Flughafenpolizei registriert worden war, kam sie sicherlich · nicht auf die Idee, daß ich einen Tag später tausend Kilometer von Santiago entfernt wieder einreisen würde.

Kurz bevor wir die Grenze passierten, sammelte ein Schiffsangestellter nicht weniger als dreihundert Pässe ein, auf die nur ein kurzer Blick geworfen wurde und die keinen Einreisestempel erhielten. Nur die chilenischen Pässe wurden mit der langen, vor den Augen der Paßbeamten aufgehängten Liste der Exilchilenen verglichen, denen die Einreise verboten war. Alle anderen, darunter auch ich, passierten die Grenze ohne Zwischenfall, bis zwei Offiziere, die ich wegen ihrer Polarkleidung nicht als chilenische Carabineros erkannt hatte, befahlen, die Koffer zu öffnen. Ich beobachtete, daß sie eine peinlich genaue Durchsuchung vornahmen, aber das beunruhigte mich nicht, denn ich war sicher, nichts bei mir zu haben, das meiner falschen Identität widersprach. Aber als ich meinen Koffer öffnete, sprangen zahllose leere Gitanes-Schachteln heraus und rollten über den Fußboden, und auf vielen von ihnen standen meine Drehnotizen.

Ich war mit einem für zwei Monate berechneten Gitanes-Vorrat nach Chile gekommen, und ich hatte nicht gewagt, die ziemlich großen Schachteln aus harter Pappe wegzuwerfen, wenn sie leer waren, denn sie waren in Chile ziemlich bekannt, und ich fürchtete, der Polizei damit eine leicht zu verfolgende Spur zu legen. Die Schachteln, die ich während der Arbeit leerrauchte, bewahrte ich in den Hosentaschen auf und versteckte sie später überall, besonders dann, wenn ich Notizen zum Film darauf geschrieben hatte. Schließlich glich es einer Art Taschenspielertrick, denn ich hatte leere Zigarettenschachteln in allen Taschen meiner Kleider, die im Schrank hingen, unter der Matratze, in den Reisetaschen, und ich fand einfach keinen sicheren Weg, sie loszuwerden. So lernte ich die Tantalusqualen der Gefangenen kennen, die einen Fluchttunnel graben und dann nicht wissen, wo sie die Erde verstecken sollen.

Jedesmal, wenn ich meinen Koffer packte, um in ein anderes Hotel zu ziehen, fragte ich mich, was ich mit so vielen leeren Zigarettenschachteln anfangen sollte. Schließlich fiel mir nichts Besseres ein, als sie in den Koffer zu stopfen, denn wenn man mich dabei überraschte, wie ich sie beseitigte, würde das noch sehr viel mehr Verdacht erregen. Ich hatte vorgehabt, sie in Argentinien wegzuwerfen, aber dort hatten sich die Dinge in einer derartigen Geschwindigkeit entwikkelt, daß ich nicht einmal den Koffer geöffnet hatte. Bis ich es schließlich hier an der Grenze im Süden tun mußte und entsetzt das Erstaunen und Mißtrauen der Carabineros bemerkte, als ich eilig die wild auf dem Boden verstreuten Zigarettenschachteln aufsammelte.

»Sie sind leer«, sagte ich.

Selbstverständlich glaubten sie mir nicht. Während sich der jüngere von beiden um die anderen Passagiere kümmerte, öffnete der ältere eine Zigarettenschachtel nach der anderen, untersuchte sie von innen und von außen und versuchte, einige meiner Notizen zu entziffern. Da kam mir blitzartig eine Idee.

»Das sind so kleine Verse, die mir manchmal einfallen«, sagte ich.

Schweigend untersuchte er die Schachteln weiter und sah mir schließlich ins Gesicht, als wolle er in meinem Gesichtsausdruck die Lösung für das unergründliche Geheimnis der leeren Zigarettenschachteln finden.

»Wenn Sie wollen, können Sie sie behalten«, sagte ich zu ihm.

»Und was soll ich damit anfangen?« fragte er.

Dann half er mir, sie wieder in den Koffer zu stopfen und widmete sich dem nächsten Passagier. Ich war so durcheinander, daß ich gar nicht auf die Idee kam, die Schachteln sofort dort, vor den Augen der Carabineros, in den Abfalleimer zu werfen. Also schleppte ich sie auch noch für den Rest der Reise mit mir herum. Als ich wieder in Madrid war, ließ ich nicht zu, daß Ely sie vernichtete. Ich fühlte mich ihnen so verbunden, daß ich beschloß, sie bis ans Ende meiner Tage aufzubewahren, wie eine Reliquie so vieler harter Erfahrungen, die die Erinnerung in den Küchen der Erinnerung auf kleinem Feuer köcheln läßt.

In Puerto Montt erwartete mich das holländische Team. Wir wollten dort nicht nur wegen der unbeschreiblichen Schönheit der Landschaft drehen, sondern auch wegen der Bedeutung, die diese Region in unserer jüngsten Geschichte hat. Die Stadt war Schauplatz eines ständigen Kampfes gewesen. Unter der Regierung von Eduardo Frei herrschte dort eine so brutale Unterdrückung, daß sich die letzten fortschrittlichen Kreise aus der Regierung zurückzogen. Die demokratische Linke begriff, daß ihre eigene Zukunft und die des Landes in der Einheit lag, und das war der Anfang eines schnellen und unaufhaltsamen Prozesses, der in der Wahl Salvador Allendes seinen Höhepunkt fand.

Nachdem die Dreharbeiten in Puerto Montt abgeschlossen waren und damit das ganze Programm für den Süden, reiste das holländische Team über Bariloche nach Buenos Aires und nahm einen großen Teil des Filmmaterials mit, um es Ely nach Madrid zu bringen. Ich verbrachte eine gute Nacht im Zug nach Talca, während der nichts weiter Erwähnenswertes geschah, als daß ein gegrilltes Hähnchen unberührt wieder in die Küche zurückkehrte, da es mir nicht einmal gelungen war, seinen gebräunten Panzer zu zerteilen. In Talca mietete ich ein Auto und machte mich auf den Weg nach San Fernando inmitten des Tales von Colchagua.

Auf der Plaza de Armas erinnerte mich jeder Fleck, jeder Baum, jeder Mauerstein an meine Kindheit. Vor allem das uralte Schulgebäude, in dem ich meine ersten Buchstaben gemalt hatte. Ich setzte mich auf eine Bank, um Fotos zu machen, die ich für den Film brauchte. Der Platz füllte sich allmählich mit dem Lärm der Kinder, die in die Schule gingen. Einige posierten vor der Kamera, andere versuchten, ihre Handfläche vor das Objektiv zu halten. Ein Mädchen machte einen so professionellen Tanzschritt, daß ich sie bat, ihn zu wiederholen, um das Foto vor einem geeigneteren Hintergrund aufnehmen zu können; bald hatten sich mehrere Kinder neben mich gesetzt, und sie sagten zu mir: »Machen Sie ein Foto von der Zukunft des Landes.«

Dieser Satz überraschte mich, denn er entsprach einem Satz, den ich auf eine der vielen Gitanes-Schachteln notiert hatte: *Ich würde sagen, daß es fast unmöglich ist, in Chile jemanden zu treffen, der nicht eine Vorstellung von der Zukunft hat.* Aber noch erstaunlicher klang dieser Satz aus dem Mund von Kindern einer Generation, die das Land nie anders als in seinem jetzigen Zustand gekannt und die trotzdem bereits eine eigene Überzeugung von seiner Zukunft hatten. Mit dem chilenischen Team war vereinbart worden, daß wir uns um halb zwölf vormittags auf der Brücke von Los Maquis treffen sollten. Pünktlich kam ich auf der rechten Seite an und sah die auf dem gegenüberliegenden Ufer installierten Kameras. Es war ein klarer Vormittag, erfüllt von dem Duft des Thymians, und in dieser Gegend, wo ich geboren bin, fühlte ich mich sicherer und weniger exiliert als je zuvor, denn ich hatte meine Krawatte und den englischen Anzug meines anderen Ichs abgelegt und war wieder ich selbst geworden, in einem grobgewebten Hemd und Jeans. Der Schatten eines Zweitagebarts von der Reise von Buenos Aires bis nach hier, den ich zu meiner großen Zufriedenheit nicht abrasiert hatte, war ein weiterer Beleg für meine wiedergewonnene Identität.

Als ich bemerkte, daß der Kameramann mich durch den Sucher entdeckt hatte, stieg ich aus dem Auto und ging sehr langsam über die Brücke, um ihm Zeit zu geben, mich zu filmen; dann begrüßte ich das ganze Team, einen nach dem anderen, von ihrer Begeisterung und ihrer für ihr Alter überraschenden Reife angesteckt. Sie waren unglaublich jung: fünfzehn, siebzehn und neunzehn Jahre alt. Ricardo, den Ältesten, der das Team leitete und zweiundzwanzig war, nannten die anderen »den Alten«. Nichts hat mich in jenen

Tagen so sehr ermutigt wie die Tatsache, sie als Verbündete gewonnen zu haben.

Gleich dort, auf dem Brückengeländer, planten wir die Dreharbeiten und fingen sofort damit an. Ich muß zugeben, daß ich an jenem Tag motiviert war, ein wenig von dem ursprünglichen Konzept abzuweichen und statt dessen den Spuren meiner Kindheitserinnerungen zu folgen. Deshalb filmten wir zuerst jene Brücke meiner Erinnerung, von der mich eine Schar wildgewordener Kusinen als Zwölfjährigen ins Wasser gestoßen hatte, damit ich zwangsläufig schwimmen lernte.

Aber im weiteren Verlauf der Arbeit trat der ursprüngliche Zweck der Reise wieder in den Vordergrund. Das Tal von San Fernando ist ein ausgedehntes landwirtschaftliches Anbaugebiet, wo die Bauern, jahrhundertelang wie Leibeigene behandelt, erst von der Regierung der Unidad Popular als gleichberechtigte Menschen anerkannt wurden. Vorher war diese Gegend eine Bastion der feudalen Oligarchie gewesen, die den Ausgang der Wahlen mit dem erzwungenen Votum ihrer Vasallen zu entscheiden pflegte. Während der Regierungszeit des Christdemokraten Eduardo Frei wurde hier der erste große Bauernstreik organisiert, an dem auch Salvador Allende persönlich teilnahm. Als er dann an die Regierung kam, nahm er den Großgrundbesitzern ihre übermäßigen Privilegien und organisierte die Bauern in aktiven und solidarischen *comunidades**. Heute befindet sich das Sommerhaus Pinochets im Valle Central, ein Symbol des Rückschritts.

Ich konnte diesen Ort nicht verlassen, ohne die Statue von Don Nicolás Palacio im Bild festzuhalten, dem Autor von *La Raza Chilena*, einem ungewöhnlichem Werk, in dem er behauptet, daß die ursprünglichen Chilenen, noch vor den großen Einwanderungswellen – von Basken, Italienern, Arabern, Franzosen und Deutschen –, direkte Nachfahren der Hellenen des klassischen Griechenlands seien und aus diesem

* Produktionsgemeinschaften. (Anmerk. d. Übers.)

Grund vom Schicksal bestimmt und auserwählt, zur hegemonistischen Macht Lateinamerikas zu werden und der Welt den Weg der Wahrheit und des Heils zu weisen. Ich wurde ganz in der Nähe geboren, und meine ganze Kindheit über war ich daran gewöhnt, mehrmals am Tag die kleine Statue zu sehen, wenn ich zur Schule ging, aber niemand hatte mir erklären können, wer das war. Nun hat Pinochet, ein glühender Bewunderer von Don Nicolás Palacio, diesen aus seiner historischen Nebenrolle erlöst und ihm im Herzen Santiagos ein anderes Denkmal errichtet.

Als wir gegen Abend mit der Arbeit aufhörten, blieb gerade noch Zeit, die einhundertvierzig Kilometer nach Santiago vor Beginn der Ausgangssperre zurückzulegen. Das Team machte sich sofort auf den Weg, bis auf Ricardo, der bei mir blieb und sich ans Steuer setzte. Wir machten einen großen Umweg, fuhren am Meer entlang und legten die Orte fest, an denen wir am nächsten Tag drehen wollten, und waren so in unsere Arbeit vertieft, daß wir ohne die geringste Aufregung vier Polizeikontrollen passierten. Allerdings traf ich nach der ersten die Vorsichtsmaßnahme, meine lässige Kleidung von Miguel Littín, Regisseur, abzulegen und wieder meine uruguaysche Identität anzunehmen. Wir hatten nicht gemerkt, wie die Zeit vergangen war, und als wir plötzlich feststellten, daß es schon Mitternacht war, also eine halbe Stunde nach Beginn der Ausgangssperre, fühlten wir uns einen Moment lang wie Schiffbrüchige. Ich sagte Ricardo, er solle die Hauptstraße verlassen, und wir bogen in einen Feldweg ein, der mir so vertraut war, als wäre ich ihn erst gestern entlanggelaufen, und ich sagte Ricardo, er solle nach links abbiegen und über die Brücke fahren, dann nach rechts in einen unsichtbaren Hohlweg, wo man die Geräusche von plötzlich aus dem Schlaf geschreckten Tieren in der Dunkelheit hörte, und dann solle er die Scheinwerfer ausstellen und einem nicht asphaltierten Weg mit engen Kurven und unvermuteten Talfahrten folgen, und am Ende des Labyrinthes fuhren wir durch ein verschlafenes Dorf, dessen aufgescheuchte Hunde alle anderen Tiere in den Nachbarhöfen aufscheuchten, und am anderen Ende des Dorfes hielten wir vor dem Haus meiner Mutter.

Ricardo glaubte es mir nicht – und er glaubt es mir bis heute nicht –, daß dies kein vorgefaßter Plan war. Ich schwöre, daß es nicht so war. Als mir klar wurde, daß wir die Ausgangssperre überschritten hatten, kam mir zuerst die Idee, daß wir uns irgendwo bis zum Morgengrauen verstecken müßten, denn auf dem Weg nach Santiago erwarteten uns noch vier Polizeikontrollen. Erst, als wir die Hauptstraße verlassen hatten, erkannte ich den Feldweg aus meiner Kindheit wieder, das Bellen der Hunde auf der anderen Seite der Brücke, den Aschegeruch der erloschenen Küchenfeuer, und ich konnte den unbesonnenen Impuls nicht unterdrücken, meine Mutter zu überraschen.

»Du mußt ein Freund von meinen Söhnen sein«

Das Dörfchen Palmilla mit seinen vierhundert Einwohnern hatte sich seit meiner Kindheit nicht verändert. Mein Großvater väterlicherseits – ein Palästinenser aus Beith Sagur – und mein Großvater mütterlicherseits – der Grieche Cristo Cucumides – hatten zu den ersten Siedlern einer großen Einwanderungswelle gehört, die sich zu Anfang des Jahrhunderts um die Eisenbahnstation niedergelassen hatten. Palmillas einzige Bedeutung zu jener Zeit bestand darin, daß dort die Eisenbahnlinie, die heute Santiago mit der Küste verbindet, endete. Dort also stiegen die Passagiere um, und die Produkte, die vom Meer kamen oder dorthin geliefert werden sollten, wurden umgeladen, wodurch der Transithandel begünstigt wurde, der dem Ort vorübergehenden Wohlstand brachte. Später, als die Eisenbahnlinie bis zur Küste gelegt wurde, blieb der Bahnhof weiterhin in Betrieb: Die Lokomotiven mußten hier Wasser nachfüllen, was eigentlich nur zehn Minuten dauerte, aus denen aber häufig ein ganzer Tag wurde, und um ihre Ankunft anzukündigen, fuhren die Züge pfeifend am Haus von Matilde – meiner arabischen Großmutter – vorbei. Aber das Dorf war größer als es heute noch ist: eine lange Straße mit einigen verstreuten Häusern und einem Weg mit weniger Häusern als an der Straße. Weiter unten liegt ein Ort mit dem Namen La Calera; er ist berühmt, weil dort jede Familie einen hervorragenden Wein kelterte, den sie jedem zu probieren gibt, der vorbeikommt, um ihn entscheiden zu lassen, welcher Wein der beste ist. Auf diese Weise wurde La Calera zum Paradies der Trunkenbolde des ganzen Landes.

Matilde brachte die ersten Illustrierten nach Palmilla, für die sie stets eine unersättliche Vorliebe gehabt hatte, und sie stellte den Obstgarten vor dem Haus dem Zirkus, umherziehenden Theatergruppen und Puppenspielern zur Verfügung. Dort wurden auch die ersten Filme gezeigt, die von Zeit zu Zeit in diese abgelegene Gegend kamen, und dort wurde mir auch meine Berufung klar, als ich mit fünf Jahren auf den Knien der Großmutter saß und den ersten Film sah. Es war *Genoveva aus Brabant*, und die Erinnerung, die ich daran bewahre, ist vor allem vom Entsetzen bestimmt, denn es mußten noch viele Jahre vergehen, bis ich verstand, wie es kam, daß auf einem Bettuch zwischen den Bäumen so riesige Gesichter erschienen und Pferde galoppierten.

Das Haus, in das Ricardo und ich in jener Nacht kamen, war das des griechischen Großvaters. Dort hatte ich meine Kindheit verbracht, und meine Mutter Christina Cucumides lebt noch heute dort. Es wurde im Jahr 1900 erbaut und hat den traditionellen Stil des chilenischen Hauses auf dem Lande bewahrt, mit langen Fluren, schattigen Gängen, labyrinthischen Zimmern, riesigen Küchen und weiter hinten dem Stall und den Viehweiden. Der Flecken, wo das Haus steht, heißt

Los Naranjos, die Orangenbäume, und man bemerkt tatsächlich den stechenden Geruch von sauren Apfelsinen. Außerdem wachsen dort Bougainvillea und alle Arten von leuchtenden Blumen.

Die Erregung, wieder hier zu sein, war so heftig, daß ich aus dem Wagen sprang, noch bevor er zum Stehen gekommen war. Ich lief durch die verlassenen Flure und über den im Dunkeln liegenden Hof, und der einzige, der herauskam, um mich zu begrüßen, war ein einfältiger Hund. Er schob sich zwischen meine Beine, aber ich lief weiter, ohne irgendeine Spur menschlichen Lebens zu entdecken. Bei jedem Schritt holte mich eine Erinnerung ein, eine Stunde am Nachmittag, ein vergessener Geruch. Am Ende eines langen Ganges steckte ich meinen Kopf durch die Tür des nur von einem blaßgelben Licht erhellten Wohnzimmers, und dort saß meine Mutter.

Ein seltsames Bild. Das Wohnzimmer ist sehr groß, mit einer hohen Decke und kahlen Wänden, und es stand lediglich ein Sessel darin, in dem meine Mutter saß, mit dem Rücken zur Tür und einem Kohlenbecken neben sich, und ein zweiter gleicher Sessel, in dem ihr Bruder saß, mein Onkel Pablo. Sie schwiegen und schauten beide mit stiller Zufriedenheit in dieselbe Richtung, als sähen sie fern, dabei sahen sie in Wirklichkeit auf nichts anderes als die nackte Wand. Ich ging auf sie zu, ohne zu versuchen, besonders leise zu sein, und da sie sich nicht rührten, sagte ich:

»Hier wird man wohl überhaupt nicht begrüßt, zum Donnerwetter.« Meine Mutter erhob sich.

»Du mußt ein Freund von meinen Söhnen sein«, sagte sie. »Laß dich umarmen.«

Onkel Pablo hatte mich nicht gesehen, seit ich Chile vor zwölf Jahren verlassen hatte, und er rührte sich nicht einmal in seinem Sessel. Meine Mutter hatte mich im September vergangenen Jahres in Madrid gesehen, aber selbst, als sie aufstand, um mich zu umarmen, hatte sie mich noch nicht wiedererkannt. Da packte ich sie bei den Armen und schüttelte sie, um sie aus ihrer Erstarrung zu reißen.

»Aber sieh mich doch an, Christina«, sagte ich und schaute ihr in die Augen, »ich bin's.«

Sie blickte mich erneut und mit anderen Augen an, aber sie erkannte mich immer noch nicht.

»Nein«, sagte sie, »ich weiß nicht, wer du bist.«

»Aber natürlich kennst du mich«, antwortete ich, halbtot vor Lachen. »Ich bin dein Sohn Miguel.«

Da sah sie mich noch einmal an, und ihr Gesicht überzog sich mit einer tödlichen Blässe.

»Ach«, sagte sie, »ich werde ohnmächtig.«

Ich mußte sie auffangen, damit sie nicht zu Boden fiel, während Onkel Pablo sich ebenfalls gerührt aufrichtete.

»Das ist das letzte, womit ich gerechnet hätte«, sagte er. »Jetzt kann ich beruhigt sterben.«

Ich umarmte ihn sofort. Er wirkte wie ein kleiner Vogel, mit seinem völlig weißen Kopf, und er hatte sich in eine Decke gehüllt wie ein Greis, dabei ist er nur fünf Jahre älter als ich. Er hatte einmal geheiratet und sich wieder von seiner Frau getrennt, und seitdem lebte er im Haus meiner Mutter. Er war immer sehr einsiedlerisch gewesen und hatte schon seit meiner Kindheit alt gewirkt.

»Das kommt gar nicht in Frage, Onkel«, sagte ich ihm, »das werden Sie mir doch wohl nicht antun, jetzt zu sterben. Holen Sie lieber eine Flasche Wein, damit wir unser Wiedersehen feiern können.«

Wie immer unterbrach uns meine Mutter, mit einer übernatürlichen Enthüllung.

»Ich habe den *mastul* fertig«, sagte sie.

Ich glaubte ihr nicht, bis ich ihn in der Küche sah. Und was für einer. Der *mastul* wird in griechischen Häusern nur bei besonders feierlichen Anlässen gekocht, denn seine Zubereitung ist sehr aufwendig. Er ist ein Lammfleischgericht mit

Kichererbsen und Grießklößchen, ähnlich wie der arabische Couscous, und es war der erste *mastul*, den meine Mutter in diesem Jahr gemacht hatte, einfach so. Aus Intuition.

Ricardo aß mit uns und zog sich dann zum Schlafen zurück, zweifellos, um unser Zusammensein nicht zu stören. Wenig später ging auch mein Onkel zu Bett, und meine Mutter und ich redeten weiter bis zum Morgengrauen. Immer haben sie und ich viel miteinander gesprochen, eher wie Freunde, denn im Alter liegen wir nicht sehr weit auseinander. Sie heiratete meinen Vater, als sie sechzehn Jahre alt war, und ich wurde ein Jahr später geboren, so daß ich mich noch gut daran erinnern kann, wie sie mit zwanzig Jahren war: Sie war sehr hübsch und zärtlich und spielte mit mir, als wäre ich nicht ihr Sohn sondern eines ihrer Stoffpüppchen. Sie strahlte vor Freude über meine Rückkehr, war aber über meine neue Art, mich zu kleiden, etwas irritiert, denn sie hatte mich immer gern in meiner Hafenarbeiterkluft gesehen. »Du siehst aus wie ein Priester«, sagte sie zu mir. Ich klärte sie weder über die Ursache dieser Veränderung auf, noch über die Bedingungen und den Grund meiner Reise nach Chile, die sie für legal hielt. Ich wollte sie lieber aus meinem Abenteuer heraushalten, um sie nicht zu beunruhigen und sie vor allem nicht zu kompromittieren.

Bevor es hell wurde, nahm sie mich bei der Hand und führte mich wortlos über den Hof; wie in einem Roman von Dikkens leuchtete sie mir mit einem Kerzenleuchter den Weg und bereitete mir die größte Überraschung dieser Reise. Auf der anderen Seite des Hofes war das Arbeitszimmer, das ich in meiner Wohnung in Santiago gehabt hatte, bevor ich ins Exil flüchtete, genauso wie ich es verlassen hatte, und mit allem, was sich darin befunden hatte.

Nachdem die Militärs die letzte Haussuchung dort durchgeführt hatten und Ely und ich mit den Kindern nach Mexiko hatten gehen müssen, hatte meine Mutter einen befreundeten

Architekten beauftragt, das Arbeitszimmer Brett für Brett zu zerlegen und es genauso in dem alten Familienhaus in Palmilla wieder aufzubauen. Von innen war es so, als hätte ich es niemals verlassen. Am selben Platz, an dem ich sie zurückgelassen hatte, sogar in der selben Unordnung, lagen die Papiere aus meinem ganzen Leben, Theaterstücke aus meiner Jugendzeit, Notizen für Filmmanuskripte, Skizzen für Drehbücher. Die Luft hatte dieselbe Farbe und denselben Geruch, und ich glaubte sogar, es sei dasselbe Datum und dieselbe Uhrzeit wie damals, als ich das Zimmer zum letzten Mal gesehen hatte. Es schüttelte mich vor Grauen, denn ich hätte in diesem Moment nicht sagen können, ob meine Mutter diese peinlich genaue Rekonstruktion vorgenommen hatte, damit ich meine frühere Wohnung nicht vermißte, wenn ich eines Tages zurückkehrte, oder um sich besser an mich zu erinnern, falls ich im Exil sterben sollte.

10
Happy-End mit Hilfe
der Polizei

Diesmal war die Rückkehr nach Santiago wie der Sprung auf ein Schiff, das zu kentern droht. Der Eindruck, daß sich der Kreis immer enger um uns schloß, war mit Händen zu greifen. Der »Hungermarsch« war brutal und blutig niedergeschlagen worden, und die Polizei hatte auch einige Mitglieder unserer Filmteams verprügelt und eine Kamera zerstört. Die Leute, mit denen wir bei unserer Arbeit zusammentrafen, hatten den Eindruck, daß niemand an das Ausreisemanöver geglaubt hatte, und sogar Clemencia Isaura war davon überzeugt, daß wir uns wie unschuldige Heilige in die Höhle des Löwen begeben hätten. Die Bemühungen, den abtrünnigen General zu treffen, wurden durch die immergleiche Antwort blockiert: »Rufen Sie morgen wieder an.« Das war die Stimmung, als das italienische Team die Nachricht erhielt, daß für den folgenden Tag um elf Uhr vormittags die Dreharbeiten in der Moneda genehmigt worden seien.

Es war kaum möglich, nicht eine tödliche Falle dahinter zu vermuten. Ich war bereit, das Risiko einzugehen, aber es war eine sehr schwere Verantwortung, die Italiener in die Präsidentenbüros laufen zu lassen, ohne zu wissen, ob sie dadurch nicht in einen Hinterhalt gerieten. Sie waren jedoch damit einverstanden, es zu tun, auf eigene Verantwortung und im vollen Bewußtsein der Gefahr. Für das französische Team dagegen gab es keinen Grund mehr, in Santiago zu bleiben. Also rief ich eilig alle zusammen und bat sie, mit dem nächsten Flugzeug Chile zu verlassen und das gesamte Filmmaterial mitzunehmen, das wir noch nicht nach Madrid geschickt hatten. Noch am selben Nachmittag reisten sie ab, zur selben Zeit, als das italienische Team unter meiner Regie in den Amtsräumen von General Pinochet drehte.

Bevor ich in die Moneda ging, übergab ich Franquie den Brief für den Obersten Gerichtshof, den ich seit Tagen mit meiner Reisetasche herumtrug, ohne mich entschließen zu können, ihn abzuschicken. Ich bat Franquie, den Brief sofort und persönlich auszuhändigen, was er auch tat. Ich schrieb ihm auch die beiden Telefonnummern auf, die uns Elena für den Notfall gegeben hatte. Um Viertel vor elf setzte er mich in der Calle Providencia ab, wo ich das vollständig versammelte italienische Team traf, und zusammen fuhren wir zum Moneda-Palast weiter. Paradoxes Ende: Diesmal hatte ich die Verkleidung des uruguayischen Werbefachmanns abgelegt und war in die Jeans und die mit Kaninchenfell gefütterte Jacke geschlüpft. Die Entscheidung war in letzter Minute gefallen, denn die Vergangenheit von Grazia als Journalistin, von Ugo als Kameramann wie von Guido als Tontechniker war bis ins letzte Detail durchleuchtet worden. Ihre Assistenten dagegen hatte man nicht einmal nach ihren Ausweisen gefragt, obwohl deren Namen ebenfalls auf dem Antrag zur Drehgenehmigung standen. Das entschied über meine Situation: Ich betrat die Moneda als Beleuchtungsassistent, mit Kabeln und Scheinwerfern bepackt.

Wir drehten zwei ganze Tage in aller Ruhe und unter guten technischen Bedingungen, betreut von drei sehr liebenswürdigen jungen Offizieren, die uns abwechselnd zur Verfügung standen. Wir überhäuften sie mit Fragen über die Restaurierung des Palastes, denn Grazia hatte sich sehr gut über Toesca und die italienische Architektur in Chile informiert, damit niemand daran zweifeln konnte, daß dies und nichts anderes der Inhalt des Films war. Aber auch die Militärs waren gut vorbereitet. Sehr selbstsicher erklärten sie uns die Bedeutung und die Geschichte jedes einzelnen Zimmers des Palastes und berichteten, in welcher Weise bei den Restaurierungsarbeiten die ursprüngliche Anlage berücksichtigt worden war, aber sie überschlugen sich mit Ausreden und Ausflüchten, um den 11. September 1973 nicht erwähnen zu müssen. Tatsächlich wurde die Restaurierung in großer Übereinstimmung mit den Orginalplänen ausgeführt. Man hatte einige Türen zugemauert, andere aufgebrochen, Mauern eingerissen, Trennwände versetzt und den Eingang zur Calle Morandé Nr. 80 beseitigt, durch den die Präsidenten ihre Privatbesucher einzulassen pflegten. Es hatte sich so viel geändert, daß jemand, der den alten Palast gekannt hatte, sich im neuen nicht zurecht gefunden hätte. Es muß für die Offiziere, die sich um uns kümmerten, jedesmal peinlich gewesen sein, wenn wir sie darum baten, uns das Original der Urkunde über die Unabhängigkeit zu zeigen, die jahrelang im Saal des Ministerrates ausgestellt gewesen und von der wir wußten, daß sie bei den Bombardements vernichtet worden war. Die Offiziere haben das nie zugegeben, sondern versprachen statt dessen immer wieder, uns später eine Sondergenehmigung zum Filmen der Urkunde zu verschaffen, was aber immer wieder auf später und immer später verschoben wurde, bis schließlich die Dreharbeiten beendet waren. Sie konnten uns auch nicht sagen, wo sich der Schreibtisch von Don Diego Portales befand und viele andere Reliquien, die die früheren Präsidenten im Laufe der Jahre einem kleinen historischen Museum vermacht hatten, das den Flammen zum Opfer gefallen war. Vielleicht hatten die Büsten aller Präsidenten seit O'Higgins dasselbe Schicksal erlitten, wenn man nicht der ebenfalls verbreiteten Version Glauben schenkt, daß die Militärregierung sie aus der Galerie, wo die Büsten immer gestanden hatten, entfernt hatte, um nicht gezwungen zu sein, auch die von Salvador Allende aufzustellen. Nach der Besichtigung des ganzen Palastes hat man den Eindruck, daß alles von Grund auf mit dem einzigen Ziel verändert worden ist, auch die letzte Spur des ermordeten Präsidenten zu tilgen.

Am zweiten Tag in der Moneda bemerkten wir vormittags gegen elf Uhr, daß eine unsichtbare Unruhe in der Luft lag, und hörten hastige Stiefelschritte und Säbelklirren. Die Laune des uns begleitenden Offiziers änderte sich schlagartig, und er befahl uns mit einer heftigen Geste, die Scheinwerfer auszuschalten und aufzuhören zu drehen. Zwei Leibwachen in Zivil bauten sich unübersehbar vor uns auf, um einzuschreiten, falls wir versuchen sollten, weiterzufilmen. Wir wußten nicht, was vor sich ging, bis wir General Augusto Pinochet persönlich vorüberkommen sahen, grünlich und aufgedunsen, wie er mit einem Adjutanten und zwei Zivilisten in Richtung seines Arbeitszimmers ging. Die Erscheinung tauchte so plötzlich auf, daß wir nicht in der Lage waren, etwas zu unternehmen, aber er ging so nah an uns vorbei – ohne uns anzusehen –, daß wir deutlich hören konnten, was er sagte:

»Den Frauen darf man nicht einmal die Wahrheit glauben.« Ugo war wie versteinert und hielt den Finger gespannt auf dem Auslöser der Kamera, als hätte er gerade sein Schicksal vorbeigehen sehen. »Wenn ihn jemand hätte töten wollen«, sagte er uns später, »wäre es sehr leicht gewesen.« Obwohl wir an jenem Tag noch drei Stunden zu tun hatten, war niemand von uns mehr in der Stimmung, zu arbeiten.

Ein Verrückter im Restaurant

Sobald wir die Dreharbeiten in der Moneda abgeschlossen hatten, verließ das italienische Team ohne Unannehmlichkeiten mit dem restlichen Material das Land. Wir hatten insgesamt zweiunddreißigtausend Meter Film produziert. Die endgültige Version war nach sechs Monaten Schnitt in Madrid eine vierstündige Fernseh- und eine zweistündige Kinofassung.

Obwohl das offizielle Programm abgeschlossen war, blieben

Franquie und ich noch vier Tage in der Hoffnung, General Electric zu treffen. Den telefonischen Anweisungen folgend ging ich zwei Tage lang alle sechs Stunden in eine bestimmte Cafeteria. Ich setzte mich hin und wartete geduldig, während ich noch einmal das Exemplar von *Die verlorenen Spuren* las, das mir als Amulett gegen die Flugangst diente. Die erwartete Kontaktperson, ein engelhaftes Mädchen von etwa zwanzig Jahren in der Schuluniform der versnobten Schule *La Maisonette*, kam beim vorletzten Mal und gab mir die geheimen Anweisungen für den nächsten Schritt: das bekannte Restaurant *Chez Henri* in Portales, wo ich mich am selben Nachmittag um sechs Uhr mit einem Exemplar von *El Mercurio* und einer Zeitschrift einfinden sollte.

Ich kam mit leichter Verspätung dort an, denn das Taxi war in der Straßendemonstration einer neuen pazifistischen Widerstandsbewegung gegen die Diktatur steckengeblieben; diese Widerstandsbewegung war durch das Brandopfer von Sebastián Acevedo aus Concepción entstanden. Während die Wasserwerfer der Polizei versuchten, die Demonstration mit Hochdruckfontänen aufzulösen, blieben mehr als zweihundert bis auf die Knochen durchnäßte Demonstranten unerschütterlich vor einer Mauer stehen, wo sie Liebeshymnen sangen. Noch unter dem bewegenden Eindruck dieser erschütternden Demonstration setzte ich mich auf einen Barhocker und schlug den Leitartikel von *El Mercurio* auf, wie das Schulmädchen mir gesagt hatte, und wartete darauf, daß jemand auf mich zukam und mich fragte: »Interessieren Sie sich für Leitartikel?« Und ich mußte mit »ja« antworten. Dann sollte mich der andere fragen, warum, und ich mußte antworten: »Weil sie Wirtschaftsinformationen enthalten, die für meine Arbeit sehr interessant sind.« Dann sollte ich sofort das Restaurant verlassen und in ein Auto steigen, das vor dem Ausgang auf mich wartete.

Ich hatte bereits dreimal sämtliche Leitartikel gelesen, als jemand hinter mir langging und mir mit dem Ellbogen einen leichten Schlag in die Nieren versetzte. Ich sagte mir: »Das ist er.« Ich sah ihn an. Es war ein etwa dreißigjähriger Mann, schwerfällig und mit massigen Schultern, und er ging weiter in Richtung Toiletten. Ich vermutete, daß er mir mit diesem Zeichen bedeuten wollte, ich solle ihm folgen, aber das tat ich nicht, denn das Codewort fehlte. Ich beobachtete die Toilette, bis er wieder herauskam und mir wieder einen leichten Schlag versetzte, genau wie beim ersten Mal. Da drehte ich mich herum und sah ihm ins Gesicht. Er hatte eine Blumenkohlnase, wulstige Lippen und gesträubte Augenbrauen.

»Hallo«, sagte er zu mir, »wie ist es dir ergangen?«

»Gut, sehr gut«, sagte ich zu ihm.

Er setzte sich auf den Barhocker neben mir und redete weiter in vertraulichem Tonfall mit mir.

»Erinnerst du dich an mich?«

»Aber sicher, Mann«, antwortete ich ihm im selben Ton, »natürlich.«

So machten wir einige Minuten weiter, und ich ließ ihn möglichst auffällig die Zeitung sehen, damit er sich an das Codewort erinnerte. Aber es kam ihm nicht in den Sinn. Er blieb neben mir sitzen und sah mich an.

»Also gut«, sagte er, »du könntest mich eigentlich zu einem Kaffee einladen.«

»Aber klar Mann, gern.«

Ich bestellte beim Kellner zwei Kaffee, aber er stellte nur einen auf die Theke.

»Ich habe zwei bestellt«, sagte ich. »Einen für den Herrn.«

»Ach ja«, sagte der Kellner, »ich bringe ihn gleich.«

»Warum bringen Sie ihn nicht sofort?«

»Ja«, sagte er, »ich bringe ihn sofort.«

Aber er servierte den Kaffee nicht. Das Seltsame war, daß dem Mann dies offenbar gleichgültig war, und das Ungewöhnliche an der Situation steigerte meine Nervosität. Er legte mir die Hand auf die Schulter und sagte:

»Mir scheint, Sie erinnern sich nicht an mich, nicht wahr?« In diesem Augenblick entschloß ich mich zu gehen.

»Hören Sie«, sagte ich zu ihm, »ehrlich gesagt, erinnere ich mich nicht.«

Er zog einen zerlesenen und vergilbten Zeitungsausschnitt aus der Brieftasche und hielt ihn mir vor die Augen.

»Ich bin der da«, sagte er zu mir.

Da erkannte ich ihn. Er war ein ehemaliger Boxchampion, der in der ganzen Stadt bekannt war, und zwar eher aufgrund seiner Geistesverwirrung als aufgrund seines vergangenen Ruhms. Ich war entschlossen, das Lokal zu verlassen, bevor ich zum Mittelpunkt der allgemeinen Aufmerksamkeit wurde, und verlangte die Rechnung.

»Und mein Kaffee?« fragte er.

»Trinken Sie ihn woanders«, antwortete ich ihm. »Ich gebe Ihnen das Geld dafür.«

»Was fällt Ihnen ein, mir Geld für einen Kaffee zu geben!« rief er.

»Glauben Sie, nur weil man mich k. o. geschlagen hat, bin ich so runtergekommen, daß ich keine Würde mehr habe? Kommen Sie mir bloß nicht mit so einem Scheiß!«

Er brüllte so laut, daß sich alle Blicke auf uns richteten. Da packte ich sein gewaltiges Boxerhandgelenk mit meinen Holzfällerhänden, die ich glücklicherweise von meiner Mutter geerbt habe.

»Sie bleiben ganz schön ruhig, verstehen Sie?« sagte ich und sah ihm in die Augen. »Kein Wort mehr!«

Ich hatte Glück, denn er beruhigte sich ebenso schnell, wie er sich aufgeregt hatte. Ich bezahlte schnell, ging in die eisige Nacht hinaus und kehrte mit dem ersten Taxi ins Hotel zurück. In der Rezeption fand ich eine dringende Nachricht von Franquie vor: *Ich habe deine Koffer ins 727 mitgenom-*

men. Das reichte. 727 war der Geheimname, unter dem Franquie und ich das Haus von Clemencia Isaura kannten, und die Tatsache, daß er mein Gepäck dorthin mitgenommen hatte, nachdem er fluchtartig das Hotel verlassen hatte, war der letzte Beweis dafür, daß sich der Kreis endgültig geschlossen hatte. In höchster Eile machte ich mich auf den Weg, wechselte, ich weiß nicht wie oft, Taxi und Fahrtrichtung, und traf Clemencia Isaura, wie sie gerade gelassen wie immer einen Hitchcock-Film im Fernsehen sah.

»Entweder du verschwindest oder du tauchst unter«

Die Nachricht, die Franquie bei ihr für mich hinterlassen hatte, war eindeutig. An diesem Nachmittag waren zwei Polizisten in Zivil ins Hotel gekommen und hatten nach uns gefragt. Sie hatten sich die Angaben auf unseren Anmeldezetteln notiert. Der Portier hatte es Franquie erzählt und dieser hatte so getan, als messe er dem keinerlei Bedeutung zu, denn unter den Bedingungen des Ausnahmezustands könnte eine solche Nachforschung durchaus zur Routine gehören. Ohne das geringste Anzeichen von Beunruhigung hatte er die Zimmer bezahlt und den Portier gebeten, ihm für die Fahrt zum internationalen Flughafen ein Taxi zu rufen; dann hatte er sich mit einem Händedruck und einem unvergeßlichen Trinkgeld verabschiedet. Aber der Portier fiel nicht darauf herein. »Ich kann Ihnen ein Hotel besorgen, in dem man Sie niemals finden wird«, hatte er gesagt. Franquie hatte es für klüger gehalten, den Dummen zu spielen.

Clemencia Isaura hatte mir ein Schlafzimmer hergerichtet und das Hausmädchen und den Chauffeur weggeschickt, damit die Wände keine Ohren und die Spiegel keine Augen hatten. Während sie auf mich gewartet hatte, hatte sie ein phantastisches Abendessen vorbereitet, mit Kerzen, erstklassigen Weinen und Sonaten von Brahms, ihrem Lieblingskomponisten. Nach dem Dessert blieben wir noch lange am Tisch sitzen und wateten durch die Sümpfe ihrer späteren Frustrationen. Sie konnte sich nicht damit abfinden, ihr Leben damit verbracht zu haben, Kinder für die *momios* großgezogen und mit schwachsinnigen Matronen Canasta gespielt zu haben, um dann ihre Tage strümpfestrickend vor seichten, tränentriefenden Fernsehserien zu beenden. Mit zweiundsiebzig Jahren hatte sie entdeckt, daß ihre wahre Berufung der bewaffnete Kampf war, die Verschwörung, der Rausch der verwegenen Aktion.

»Statt in einem Bett an verfaulten Nieren zu sterben«, sagte sie, »lasse ich mich lieber im Straßenkampf von den Soldaten mit Blei vollpumpen.«

Franquie kam am nächsten Morgen mit einem anderem Auto als während der letzten Tage. Er brachte eine kategorische Nachricht mit, die mir über drei verschiedene Kanäle zuging: »Entweder du verschwindest oder du tauchst unter.« Letzteres hätte bedeutet, mich zu verstecken, ohne weiter zu arbeiten, und das war keine echte Alternative. Franquie war derselben Meinung und hatte bereits Tickets für die beiden letzten freien Plätze in dem Flugzeug besorgt, das am Nachmittag nach Montevideo abging.

Es war der Schlußakt. In der vorangegangenen Nacht hatte ich das erste chilenische Team aufgelöst und sie angewiesen, auch die anderen Teams aufzulösen; einem Mittelsmann aus der Widerstandsbewegung hatte ich die drei letzten Filmrollen übergeben, damit man sie so bald wie möglich außer Landes schaffte. Es klappte so gut, daß Ely die Filmrolle bereits erhalten hatte, als wir fünf Tage später in Madrid landeten. Eine reizende junge Nonne hatte sie ihr gebracht, wie die kleine Santa Teresita des Jesus; sie hatte nicht zum Mittagessen bleiben wollen, da sie an diesem Vormittag noch drei weitere geheime Missionen ausführen mußte, bevor sie noch am selben Abend nach Chile zurückkehrte. Vor einiger Zeit entdeckte ich durch einen unglaublichen Zufall, daß es dieselbe junge Nonne war, die ich in der Kirche San Francisco in Santiago getroffen hatte.

Ich weigerte mich zu fahren, solange noch eine Möglichkeit bestand, General Electric zu interviewen. Der Kontakt hatte sich in dem Restaurant wieder verloren, aber als wir im Haus von Clemencia Isaura frühstückten, rief ich erneut dort an, und dieselbe weibliche Stimme bat mich, zwei Stunden später noch einmal anzurufen, um eine definitive Antwort zu erhalten: ja oder nein. Also entschied ich, daß ich, wenn ich noch eine Minute vor dem Abflug eine positive Antwort erhalten sollte, ungeachtet des Risikos in Santiago bleiben würde. Wenn nicht, würde ich nach Montevideo fliegen. Ich betrachtete dieses Interview als Ehrensache, und es tat mir in der Seele weh, daß ich meine sechs Wochen Glück und Unglück in Chile nicht damit abschließen konnte.

Als ich das zweite Mal anrief, sagte man mir dasselbe: Ich solle zwei Stunden später noch einmal anrufen. Es blieben mir also vor dem Abflug noch zwei weitere mögliche Anrufe. Clemencia Isaura bestand darauf, uns einen Straßenräuberrevolver mitzugeben, den ihr Mann immer unter dem Kopfkissen liegen gehabt hatte, um Diebe in die Flucht zu schlagen, aber es gelang uns, sie davon zu überzeugen, daß dies unklug sei. Sie verabschiedete uns unter Strömen von Tränen, und ich vermute, daß ihr Schmerz weniger in ihrem tiefen Gefühl für uns begründet war als vielmehr in der Aussicht, keine neuen Abenteuer mehr erleben zu können. Strenggenommen blieb dort mein anderes Ich zurück. Ich nahm die unerläßlichen persönlichen Dinge, legte sie in einen kleinen Handkoffer und überließ Clemencia Isaura den fahrbaren Koffer mit den englischen Anzügen, den feinen Hemden mit den fremden Monogrammen, den handbemalten italienischen Krawatten und der prächtigen Aufmachung des Typ Menschen zurück, den ich in meinem Leben am meisten gehaßt habe. Das einzige, was ich von ihm behielt, war das, was ich auf dem Leib trug, und das wiederum ließ ich drei Tage später in einem Hotel in Rio de Janeiro liegen.

Die beiden nächsten Stunden verbrachten wir damit, chilenische Geschenke für meine Kinder und die Freunde im Exil einzukaufen. Von einer Cafeteria in der Nähe der Plaza de Armas rief ich noch einmal an und erhielt dieselbe Antwort: »Rufen Sie in zwei Stunden wieder an.« Aber diesmal antwortete mir nicht die Frau, sondern ein Mann, der korrekt das Codewort nannte und mir mitteilte, wenn beim nächsten Mal der Kontakt nicht hergestellt werden könne, sei dies auch in den nächsten zwei Wochen unmöglich. Also fuhren wir zum Flughafen, um es von dort aus ein letztes Mal zu versuchen. Wegen mehrerer Baustellen staute sich der Verkehr, die Ausschilderung war verwirrend, und es gab zahlreiche und komplizierte Umleitungen. Franquie und ich kannten den Weg zum alten Flughafen Los Cerillos sehr gut, aber nicht den nach Pudahuel, und ohne zu wissen, wie, fanden wir uns plötzlich in einem unübersichtlichen Industriegebiet wieder. Wir kurvten hin und her und suchten vergeblich nach einer Ausfahrt und merkten nicht, daß wir uns in einer Einbahnstraße befanden und gegen die Fahrtrichtung fuhren, bis uns eine motorisierte Patrouille von Carabineros entgegenkam. Ich stieg aus dem Auto und war entschlossen, mich ihnen zu stellen.

Franquie seinerseits überschüttete sie mit einem nicht endenden Redeschwall und ließ ihnen keine Zeit, auch nur den geringsten Verdacht zu schöpfen. Er erzählte ihnen eine überstürzte und märchenhafte Geschichte von einem Vertrag, den wir mit dem Ministerium für Kommunikation abgeschlossen hatten, um in Chile ein satellitengesteuertes Netz zur Kontrolle des Verkehrs im ganzen Land einzurichten, und er malte ihnen dramatisch das Risiko aus, daß das gesamte Projekt scheitern würde, wenn wir nicht innerhalb einer halben Stunde im Flugzeug nach Montevideo säßen. Zum Schluß waren wir alle derartig von dem Versuch verwirrt, uns auf einen möglichen Weg zurück auf die Autobahn zum Flughafen zu einigen, daß die beiden Carabineros in ihren Wagen sprangen und uns befahlen, ihnen zu folgen.

Zwei Schwarzfahrer suchen einen Autor

So kamen wir zum Flughafen, über eine Straße, die der mit über hundert Stundenkilometern dahinrasende Polizeiwagen mit Alarmsirenen und roten Lichtsignalen leergefegt hatte. Franquie rannte zum Schalter von Hertz, um den Mietwagen abzugeben. Ich raste zum Telefon, wählte zum vierten Mal die Nummer, es war besetzt. Ich versuchte es noch ein zweites Mal, und beim dritten Mal war es nicht mehr besetzt, aber ich verlor kostbare Zeit, weil die Frau, die mir antwortete, das Codewort nicht erkannte und indigniert auflegte. Ich rief sofort noch einmal an, und da antwortete mir wieder die Männerstimme, ebenso ruhig und sanft wie bei den früheren Telefonaten, aber ebenso hoffnungslos. Wie ich bereits erwartet hatte, ging es erst in zwei Wochen. Als ich wütend und entmutigt auflegte, blieb noch eine halbe Stunde bis zum Abflug.

Mit Franquie war vereinbart, daß ich durch die Paßkontrolle gehen sollte, während er die Rechnung bei Hertz bezahlte, so daß er fliehen und beim Obersten Gerichtshof Alarm geben konnte, falls ich bei der Ausreise verhaftet würde. Aber in letzter Minute entschloß ich mich, ihn vor dem Eingang zur Paßkontrolle zu treffen. Er ließ ungewöhnlich lange auf sich warten, und mit der Zeit erregte ich einiges Aufsehen mit meinem Aktenkoffer und den beiden Reisekoffern sowie den Geschenktüten. Die Stimme einer Frau, die noch nervöser zu sein schien als ich, rief zum letzten Mal die Passagiere für den Flug nach Montevideo auf. Voller Panik gab ich einem Gepäckträger Franquies Koffer sowie einen großen Geldschein und sagte ihm:

»Bringen sie das zum Schalter von Hertz und sagen Sie dem Herrn, der dort eine Rechnung bezahlt, daß ich ins Flugzeug steige, wenn er nicht sofort kommt.«

»Gehen Sie lieber selbst hin«, antwortete er, »das ist sicher einfacher.«

Also wandte ich mich an eine der Angestellten der Fluggesellschaft, die den Einlaß der Passagiere kontrollierte.

»Bitte«, sagte ich zu ihr, »warten Sie zwei Minuten auf mich. Ich muß einen Freund suchen, der den Wagen bezahlt.«

»Es sind nur noch fünfzehn Minuten bis zum Abflug«, sagte sie. Ich rannte zu dem Schalter, ohne darauf zu achten, was für einen Eindruck ich machte. Die Angst hatte mich die zurückhaltende Art meines anderen Ichs vergessen lassen, und ich war wieder zu dem impulsiven Filmemacher geworden, der ich immer gewesen war. Viele Stunden Training, millimetergenaue Vorsichtsmaßnahmen und minutiöse Versuche waren innerhalb von zwei Minuten zum Teufel gegangen. Ich kam dazu, wie Franquie gerade seelenruhig mit dem Angestellten von Hertz über ein Problem des Wechselkurses verhandelte.

»Um Himmels willen«, flehte ich ihn an, »bezahl ihm, was er will, ich warte im Flugzeug auf dich. Wir haben noch fünf Minuten.«

Ich unternahm höchste Anstrengungen, um mich zu beruhigen, und stellte mich der Paßkontrolle. Der Beamte sah den Paß durch und blickte mir in die Augen. Ich blickte fest zurück, dann sah er auf das Foto und schaute wieder zu mir hoch, und ich hielt seinem Blick stand.

»Nach Montevideo?« fragte er mich.

»Zu Mutters Fleischtöpfen«, antwortete ich.

Er warf einen Blick auf die elektronische Wanduhr und sagte: »Die Maschine ist bereits weg.« Ich beharrte darauf, sie sei noch nicht weg, und er ließ es sich von der Angestellten von LAN-Chile bestätigen, daß sie auf uns wartete, um den Flug zu schließen. Es blieben noch zwei Minuten.

Der Beamte stempelte den Paß und reichte ihn mir lächelnd zurück.

»Gute Reise.«

Ich hatte die Kontrolle noch nicht passiert, als man mich über Lautsprecher ausrief, in voller Lautstärke mit meinem falschen Namen. Ich dachte, dies sei das Ende, und stellte es mir schließlich als etwas vor, das ansonsten immer nur den anderen passiert, nun aber unwiderruflich mir geschah. Ich empfand sogar ein seltsames Gefühl der Erleichterung. Aber es war nur Franquie, der mich hatte ausrufen lassen, weil ich versehentlich seine Bordkarte mit meinen Papieren mitgenommen hatte. Ich mußte noch einmal zum Ausgang rennen, den Beamten an der Paßkontrolle, der mir den Paß abgestempelt hatte, um Erlaubnis bitten und wieder dieselben Kontrollen passieren, diesmal mit Franquie im Schlepptau.

Wir stiegen als letzte ins Flugzeug, und wir waren dabei in solcher Eile, daß mir nicht zu Bewußtsein kam, daß ich Schritt für Schritt denselben Weg gegangen war wie vor zwölf Jahren, als ich das Flugzeug nach Mexiko nehmen mußte. Wir setzten uns auf die beiden letzten freien Plätze. Da überkam mich das widersprüchlichste Gefühl der ganzen Reise. Ich empfand große Trauer, Wut und erneut den unerträglichen Schmerz der Verbannung, aber ich empfand auch eine ungeheure Erleichterung darüber, daß alle, die in mein Abenteuer verwickelt gewesen waren, es heil überstanden hatten. Eine unerwartete Durchsage aus dem Flugzeuglautsprecher holte mich in die Realität zurück.

»Alle Passagiere werden gebeten, ihre Flugtickets bereitzuhalten. Wir müssen eine Kontrolle durchführen.«

Zwei Beamte in Zivil, die ebensogut von der Fluggesellschaft wie von der Regierung sein konnten, befanden sich bereits im Flugzeug. Ich bin sehr oft geflogen und weiß, daß es nicht ungewöhnlich ist, wenn in letzter Minute der Kontrollabschnitt der Bordkarte verlangt wird, um irgend etwas an Bord zu überprüfen. Aber es war das erste Mal, daß man die Flugtickets sehen wollte. Man konnte sich alles mögliche ausmalen. Verängstigt suchte ich Zuflucht in den herrlichen grünen Augen der Stewardeß, die Bonbons verteilte:

»Das ist aber reichlich ungewöhnlich, Señorita«, sagte ich ihr.

»Ach, Señor, was soll ich Ihnen sagen«, antwortete sie. »Das haben wir nicht in der Hand.«

Franquie witzelte, wie immer, wenn wir in Bedrängnis gerieten, und fragte sie, ob sie in Montevideo übernachten würde, und sie antwortete ihm im selben Tonfall, das solle er ihren Mann, den Copiloten fragen. Ich dagegen konnte nicht eine Minute länger die Schmach ertragen, versteckt in der Haut eines anderen zu leben. Ich war kurz davor, aufzuspringen und mich den Kontrolleuren zu stellen, ihnen zuzurufen: »Geht doch alle zum Teufel, ich bin Miguel Littín, Filmregisseur, Sohn von Cristina und Hernán, und weder Sie noch sonst jemand hat das Recht, mir zu verbieten, unter meinem Namen und mit meinem eigenen Gesicht in meinem Land zu leben.« Aber als es dann soweit war, beschränkte ich mich darauf, in den schützenden Panzer meines anderen Ichs geduckt und so förmlich wie nur möglich, mein Flugticket vorzuzeigen. Der Kontrolleur warf kaum einen Blick darauf und gab es mir zurück, ohne mich anzusehen.

Fünf Minuten später, als wir über den in der Abenddämmerung rosafarbenen Schnee der Anden flogen, wurde mir klar, daß die vergangenen sechs Wochen nicht die heroischsten meines Lebens gewesen waren, wie ich es mir bei meiner Ankunft vorgestellt hatte, sondern etwas sehr viel Wichtigeres: die würdigsten. Ich sah auf die Uhr: Es war zehn nach fünf.

Um diese Zeit würde Pinochet mit seinem Hofstaat sein Arbeitszimmer verlassen haben, langsam die lange, verlassene Galerie entlanggeschritten und über die prachtvolle, mit Teppichen belegte Treppe in die erste Etage hinaufgestiegen sein. Er würde einen 32 200 Meter langen Eselsschwanz hinter sich herziehen, den wir ihm angehängt hatten. Ich dachte mit unendlicher Dankbarkeit an Elena.

Die Stewardeß mit den smaragdgrünen Augen servierte uns einen Willkommenscocktail und erklärte uns, ohne daß wir sie danach gefragt hätten:

»Es wurde vermutet, daß sich ein blinder Passagier im Flugzeug versteckt hätte.«

Franquie und ich erhoben unsere Gläser auf sein Wohl.

»Nicht einer«, sagte ich, »zwei. Prost!«

Gabriel García Márquez
Die Liebe in den Zeiten der Cholera

Roman
Titel der Originalausgabe:
El amor en los tiempos del cólera
Aus dem kolumbianischen Spanisch von Dagmar Ploetz
Leinen

»Gabos komische, ironische, traurige Geschichte von Liebe und Vergänglichkeit ist vom handfest- und dauerhaft-robusten Stoff der großen Literatur.«
Gunar Ortlepp, Der Spiegel

»Dieses Buch ist ein seltener Glücksfall in der Literatur, wie es ihn höchstens alle hundert Jahre einmal gibt.«
Beate Pinkerneil, ZDF

»Nichts auf dieser Welt sei schwieriger als die Liebe, meint Fermina einmal. Ein wenig widersprechen darf man ihr schon. Denn eines ist vielleicht noch schwieriger: das Schreiben eines Liebesromans, der diesen Namen auch literarisch verdient. Gabriel García Márquez hat ihn geschrieben. Dieser neue Roman ist der Hymnus auf die absolute Liebe.«
Jochen Hieber, Frankfurter Allgemeine Zeitung

»Gabriel García Márquez zu lesen, bedeutet Liebe auf den ersten Satz.«
Carlos Widmann, Süddeutsche Zeitung

KIEPENHEUER&WITSCH

Gabriel García Márquez
Hundert Jahre Einsamkeit

Roman.
Aus dem Spanischen von Curt Meyer-Clason
Gebunden.

Hundert Jahre Einsamkeit ist die Geschichte vom Aufstieg und Niedergang der Familie Buendía und des von ihr gegründeten Dorfes Macondo, ein imaginäres Dorf, das irgendwo im Norden Lateinamerikas liegt. Durch Sümpfe und Urwald, durch eine undurchdringliche Sierra von der Außenwelt abgeschnitten, ist Macondo der einzigartige Schauplatz einer Welt, in der sich geschichtliche Entwicklungen, alle Träume, Alpträume und Entdeckungen des Menschen noch einmal wiederholen.

»*Hundert Jahre Einsamkeit* von Gabriel García Márquez ist ein Buch, wie es in Europa seit Jahrzehnten nicht geschrieben worden ist und wahrscheinlich gar nicht geschrieben werden könnte: Literatur als Schöpfungsbericht, als magische Beschwörung und als revolutionäre Auflehnung. Dieser Roman ist ein Elementarereignis.«
Die Zukunft, Wien

Kiepenheuer&Witsch

Gabriel García Márquez
Chronik eines angekündigten Todes

Roman
Titel der Originalausgabe:
Crónica de una muerte anunciada
Aus dem Spanischen von Curt Meyer-Clason
KiWi 39

Ein Dorf an der kolumbianischen Karibikküste feiert ein rauschendes Hochzeitsfest, doch noch in der Hochzeitsnacht wird die Braut ins Elternhaus zurückgeschickt; sie war nicht mehr unberührt. Der mutmaßliche »Täter« muß sterben.

»Der geradlinige Verlauf verleiht dem Roman einen derartigen *drive,* daß kein Umstand, kein Wort überflüssig wirkt. Jedes Detail steht mit einer solchen Notwendigkeit an seinem Platz, daß ich nur ein Wort finde, diesen Roman zu kennzeichnen: ›klassisch‹ — die *Chronik eines angekündigten Todes* erscheint mir eine klassische Erzählung der Weltliteratur, in der Kategorie etwa von Kleists *Michael Kohlhaas,* Kafkas *Verwandlung* oder Hemingways *Der alte Mann und das Meer.*«
Dieter E. Zimmer, Die Zeit

KiWi-Paperbackreihe bei Kiepenheuer&Witsch

Gabriel García Márquez
Der Oberst hat niemand,
der ihm schreibt

Roman.
Aus dem Spanischen übersetzt und mit einem Nachwort
von Curt Meyer-Clason.
Gebunden.
KiWi 23

Gabriel García Márquez, der mit dem Roman *Hundert
Jahre Einsamkeit* Weltruhm erlangte, erzählt hier mit den
sparsamsten Mitteln die grandiose Geschichte von dem
alten Oberst, der seit fünfzig Jahren in einem verlassenen
Tropendorf der kolumbianischen Atlantikküste auf seine
Veteranenpension wartet und eine gerechte, bessere Welt
sucht.

Kiepenheuer & Witsch

GABRIEL GARCÍA MÁRQUEZ
LAUBSTURM

Roman.
Aus dem Spanischen von Curt Meyer-Clason
Gebunden.

»Eine Familien- und Dorfgeschichte voller verhaltener Trauer und Dramatik. Die letzten Geheimnisse lösen sich auf in Gleichnissen, die innere Optik registriert auch konkrete Gegenstände, durchdringt die äußere Welt. Gabriel García Márquez' Sprache ist dichterisch überhöht und gleich darauf von brutaler Schärfe und Genauigkeit, sie fasziniert. Mit diesem virtuos beherrschten Instrument beschwört er Geschichte, Mythen und faßbare Wirklichkeit.«
Maria Frisé, Frankfurter Allgemeine Zeitung

KIEPENHEUER&WITSCH

Gabriel García Márquez
Die böse Stunde

Roman
Aus dem Spanischen übersetzt von
Christiane und Curt Meyer-Clason
Gebunden

Die Gewalt ist eines der Hauptthemen des kolumbianischen Schriftstellers Gabriel García Márquez. Er zeigt in diesem Roman die unbarmherzigen Mechanismen der Gewalt, wie sie in Gang gebracht werden und das Verhalten der Menschen bestimmen.

Kiepenheuer & Witsch